급수 한자 총정리
6급 · 5급 중심

형태별로

이 재 원

동이 표음한자 연구원

급수 한자 총정리

6급·5급 중심
형태별로

ⓒ 이 재원, 2020

발행일	2020년 4월 30일
저자	이 재 원 (李 在 遠)
출판사	동이 표음한자 연구원
발행인	이 재 원
전화	044-867-4439
Fax	050-4059-8029
Email	pyoeumhanja@naver.com

ISBN	979-11-90096-48-5 (13710)
Set ISBN	

이 도서의 국립 중앙도서관 출판사 도서목록(CIP)은 서지정보 유통지원 시스템 홈피 (http://seoji.nl.go.kr)와 국가자료 공동목록 시스템(http://www.nl.go.kr/kolisnet)에서 이용하실 수 있습니다. (CIP 2020 010 410)

서 언

한자는 우리 민족에게 중요한 문자이다. 그렇지만, 학습하기에는 너무나 어려운 문자이다. 한자 자체가 어려운 문자일 수 있지만, 또한 학습 방법 등의 다른 이유로 어려울 수 있다. 한자 자체의 어려움은 주로 본질적 문제이어서 달리 방법이 없다고 할 수 있지만, 학습방법 등의 잘못이라면, 학습방법 등의 개선을 통해 극복할 수 있다고 생각한다.

지금까지의 한자도서들은 한자를 1개의 문자씩 학습하도록 저술되어 있다. 그러면 그 다수의 한자들을 어떻게 하나씩 학습할 수 있겠는가? 얼마나 많은 시간이 걸리겠는가? 얼마나 많은 인내가 요구되겠는가? 이러한 학습 방법이 현명하다고 보기에는 좀 그러하다. 오랜 세월 동안 이러한 방법으로 교육되고 학습되어 오늘에 이르고 있다. 저자는 학습 등의 개선방법으로 다음과 같이 제시한다.

첫째로 유사한 형태별로 한자들이 제시된다. 실용한자 또는 급수한자 전체를 학습 편리를 위해 유사한 형태별로 정리하는 방법이 존재한다. 즉 특정 한자에서 1차적으로 부수가 부가되고, 거기에 2차적으로 부수들이 부가되어 유사한 형태의 한자들이 구성된다. 이러한 방식으로 제공되면, 한자 학습이 용이해질 것이다.

둘째로 중요한 급외 기본한자들이 내포된다. 급수한자에는 모든 한자들의 기본이 되는 중요한 기본한자들이 종종 제외된다. 즉 이 기본한자를 중심으로 부수들이 부가되어 한자들이 파생되는데, 중심이 되는 한자들이 없다 보니 무언가 부족한 느낌이 인지된다. 근간이 되는 한자들이 체계적으로 제시되어 한자학습에서 오는 그 무언가의 결핍이 해소될 것이다.

셋째로 한글의 자모음 순서변경이 요구된다. 한글의 자모음 순서들이 한자에 대한 표음적용에 적합한 지가 고려되어야 한다. 그렇게 하려면, 한자의 1획부수 [一], [丨], [丶], [丿], [乙], [亅]의 6개에 대한 이해가 필요하다. 이 6개의 한자들은 한자의 기본이며, 전부이다. 여기에서 나타난

자음순서는
[ㄹ], [ㄴ], [ㄷ], [ㅌ] / [ㅇ], [ㅎ] / [ㄱ], [ㅋ] /
[ㅅ], [ㅆ], [ㅈ], [ㅊ] / [ㅁ], [ㅂ], [ㅍ]으로

그리고,

모음순서는
[이], [여], [야], [어], [아] /
[으], [요], [유], [오], [우] /
[의], [워], [와]로

제시된다.

저자의 저서인 「표음한자원리」 를 참조하세요.

넷째로, 한자의 형태별 대자전이 요구된다. 부수가 부가되는 (기존의) 표의방식이 아니라 기본형태에 따라 부수가 부가되어 유사한 한자형태로 구성된 형태별 자전들이 요구된다. 참고로 저자에 의해 『표음한자 형태별 총자전』 이 저술되었으니 참고 부탁드립니다.

이러한 문제와 더불어 지속적인 학습방법의 개선을 통해 한자를 학습한다면, 한자 학습을 효율성이 제고될 수 있다. 이 도서를 통해 한자 학습에 상당히 도움이 될 수 있기를 바랍니다. 또한 한자 학습에 조금이라도 도움을 제공하고자 한자강의 동영상을 유튜브에 제공하고자 합니다.

끝으로 한자학습에서 급수한자는 좋은 가이드가 될 수 있지만, 우리들은 스스로 이 범위에 갇히는 우를 범할 수 있다. 급수한자의 범위를 이해하고 학습을 통해 이 범위를 벗어날 수 있는 계기가 될 수 있기를 기대하여 본다.

2020년 4월 30일

동이 표음한자 연구원

원장 이 재 원

한자에 대한 용어

하나의 한자에 다른 한자들이 부가되어 조합된다. 조합된 한자들은 한자 내에서 각자의 역할이 부여된다. 이러한 역할들은 부수(部首), 표의자(表意字), 표음자(表音字)로 호칭되며, 부가될수록 역할이 가변적이 된다. 이들 역할은 획수가 단순할수록 역할이 중첩되지만, 복잡할수록 분리된다. 이들이 나중에 한자의 표음원리 적용과정에서 중요한 기능을 수행한다.

1) 단순한 경우

	부수	표의자	표음자
一	一	一	一
三	一	一	二
元	儿	儿	二
天	大	大	一

2) 복잡한 경우

	부수	표의자	표음자
产	厂	厂	勹
危	卩	卩	产
脆	卩	危	兀

이제부터는 한자에 대한 새로운 시각과 이해가 요구된다. 새로운 시각으로 보아야만, 한자의 표음원리가 보입니다.

목 차

1. 一

'▶'는 6급 5급 한자

	음	한자	훈	예	부수			급
一	일	一	한 일	一心(일심)	一	1	1	8급
		弍	정성스럽다 일		弋	3	4	
	인	生	사람 인	夆(륙)에서 사용	生	5	6	
	서	西	서녘 서	西歐(서구)	襾	6	6	8급
	정	正	바르다 정	正直(정직)	止	4	5	7급
勺	작	勺	구기 작	勺飮(작음)	勹	2	3	1급
		灼	불사르다 작	灼鐵(작철)	火	4	7	1급
		芍	함박꽃 작	芍藥(작약)	++	4	7	1급
		酌	술붓다·잔질하다 작	斟酌(짐작)	酉	7	10	3급
▶	적	的	과녁 적	目的(목적)	白	5	8	5급
		刎	끊다 적		刂	2	5	
	표	杓	북두자루 표/구기 작 漏杓(누표)	樽杓(준작)	木	4	7	2급
		豹	표범 표	朱豹(주표)	豸	7	10	1급
	조	釣	낚다·낚시 조	釣竿(조간)	金	8	11	2급
		魡	낚다 조		魚	11	14	
▶	약	約	맺다 약	約束(약속)	糸	6	9	5급

		葯	꽃밥 약		葯胞(약포)	++	4	13	1급
		喲	어조사 약			口	3	12	
开	개	开	열다 개/평평하다 견		= 開 幵	3	4	
▶		開	열다 개		開放(개방)	門	8	12	6급
	견	岍	산 이름 견			山	3	7	특급
	계	笄	비녀 계			竹	6	10	특급
		厈	넘어지다 계			厂	2	6	
▶	형	形	모양 형		形狀(형상)	彡	3	7	6급
		邢	성씨 형			阝	3	7	2급
刑	형	刑	형벌 형		刑罰(형벌)	刂	2	6	4급
		型	모형 형		模型(모형)	土	3	9	2급
		荊	가시 형		荊棘(형극)	++	4	10	1급
		鉶	국그릇 형			金	8	14	
未	미	未	아니다 미		未來(미래)	木	4	5	4급
		味	맛 미		味覺(미각)	口	3	8	4급
	매	妹	(손아래)누이 매		妹弟(매제)	女	3	8	4급
		昧	어둡다 매		曖昧(애매)	日	4	9	1급
		魅	홀리다·매혹하나 매		魅惑(매혹)	鬼	10	15	2급

▶ 말	末	끝 말		末尾(말미)	木	4	5	5급
	抹	지우다 말		抹消(말소)	扌	3	8	1급
	沫	물거품 말		泡沫(포말)	氵	3	8	1급
	茉	말리 말		茉莉(말리)	++	4	9	특급
	秣	말먹이 말		糧秣(양말)	禾	5	10	특급
	韎	말갈·버선 말		韎鞨(말갈)	革	9	14	2급
	吢	끝 말		(叱 꾸짖다 질)	口	3	10	특급
	叱	꾸짖다 질			口	3	5	
▶ 본	本	근본 본		本質(본질)	木	4	5	6급
	呠	꾸짖다 본			口	3	8	
분	芔	우거지다·풀이 떨기로 나다 분			++	4	9	특급
	巜	거칠다 분			巛	3	8	
발	鉢	바리때 발		托鉢(탁발)	金	8	13	2급
	炋	불꽃 발			火	4	9	
체	体	몸 체		= 軆	亻	2	7	
	躰	몸 체			身	7	12	

2. ㅣ

ㅣ 곤	ㅣ	뚫다 곤		ㅣ	1	1	
상	上	위 상	上의 고자	一	1	2	
하	下	아래 하	下의 고자	一	1	2	
인	引	끌다 인	引上(인상)	弓	3	4	4급
조	弔	조상(弔喪)하다 조 이르다 적	謹弔(근조) 謹詭(적궤)	弓	3	4	3급
介 개	介	끼다·돕다 개	介入(개입)	人	2	4	3급
	价	크다 개	貴价(귀개)	亻	2	6	2급
	玠	홀(笏) 개		王	4	8	특급
	芥	겨자·티끌 개	芥子(개자)	++	4	8	1급
	疥	옴 개	疥癬(개선)	疒	5	9	특급
▶ 계	界	지경 계	界境(계경)	田	5	9	6급
	堺	지경(地境) 계		土	3	12	특급
	槻	찬장(饌檟) 계		木	4	13	
	誡	경계하다 계		言	7	16	
弗 불	弗	아니다·말다 불	弗素(불소)	弓	3	5	2급
	咈	어기다 불	弗咈(불불)	口	3	8	특급

		彿	비슷하다 불	彷彿(방불)	彳	3	8	1급
		茀	우거지다 불		++	4	9	특급
		笰	우거지다·덮개 불		竹	6	11	특급
		紼	인끈 불	紼縭(불리)	糸	6	11	특급
		拂	떨치다 불 돕다 필	拂拭(불식) 拂士(필사)	扌	3	8	3급
		佛	부처 불 돕다 필	佛道(불도) 弼과 동자	亻	2	7	4급
		艴	발끈내다 불/발	艴然(발연)	色	6	11	특급
	비	沸	끓다 비 용솟음하다 불	沸騰(비등) 沸波(불파)	氵	3	8	1급
▶		費	쓰다 비	費用(비용)	貝	7	12	5급
		晿	말리다 비	晿悅(비열)	日	4	9	
▶	량	良	어질다 량	良心(양심)	艮	6	7	5급
		粮	양식(糧食) 량	稅粮(세량)	米	6	13	특급
	랑	浪	물결 랑	浪費(낭비)	氵	3	10	3급
		狼	이리·어지럽다 랑	豺狼(시랑)	犭	3	10	1급
▶		朗	밝다 랑	明朗(명랑)	月	4	11	5급
		琅	옥소리 랑	琅音(낭음)	王	4	11	특급
		稂	가라지·강아지풀 랑	稂莠(낭유)	禾	5	12	특급
	낭	娘	계집 낭/랑	娘子(낭자)	女	3	10	3급
郎	랑	郞	사내 랑	新郞(신랑)	阝	3	10	3급

		廊	사랑채·딴채 랑		行廊(행랑)	广	3	13	3급
		瑯	옥돌 랑		琺瑯(법랑)	王	4	14	특급
		螂	사마귀 랑		蟷螂(당랑)	虫	6	16	특급
丌	기	丌	받침대 기	畀(비) 與(여) 具(구)		一	1	3	
		朞	기약하다 기			月	4	7	
畀	비	畀	주다 비		投畀(투비)	田	5	8	특급
		渒	물 이름 비/움직이다 패	渒渒(비비·패패)		氵	3	11	특급
		痺	저리다 비		痲痺(마비)	疒	5	13	특급
		睥	흘겨보다 비			目	5	13	
與	여	與	주다·더불다 여		與否(여부)	臼	7	14	4급
		与	주다 여			一	1	3	
		臼	깍지끼다 국·곡			臼	7	7	
		歟	어조사·편안하다 여		也歟(야여)	欠	4	18	특급
		璵	옥 여			王	4	18	특급
		礜	돌 이름·옥돌 여			石	5	19	특급
		旟	깃발 여		旟旝(여괴)	方	4	20	특급
		放	나부끼다 언			方	4	6	
		鸒	떼까마귀 여			鳥	11	25	특급

	예	譽	기리다 예		榮譽(영예)	言	7	21	3급
▶	거	擧	들다 거		擧論(거론)	手	4	18	5급
		貹	저당잡힌 돈 거			貝	7	21	
	서	嶼	섬 서		島嶼(도서)	山	3	17	1급
		藇	아름답다·우거지다 서			++	4	18	특급
		鱮	연어(鰱魚) 서			魚	11	25	특급
轝	여	轝	수레(輿) 여		喪轝(상여)	車	7	21	특급
	우	䮂	현 이름 우			日	4	27	
輿	여	輿	수레 여	(輿+車)	輿論(여론)	車	7	17	3급
		轝	수레 여			車	7	24	
		舁	들어 올리다 여			手	4	21	
		璵	옥 여			王	4	21	
興	흥	興	일다(盛) 흥		興味(흥미)	臼	7	16	4급
		同	같다 동			冂	2	5	
		嬹	기쁘다 흥			女	3	19	
		臖	발이 부어 아프다 흥			肉	4	20	
		薨	흥거(興渠) 흥			++	4	20	

攸	유	攸	바·아득하다 유	攸然(유연)	攵	4	7	특급
		滺	흐르다 유		氵	3	10	
	소	翛	날개소리 소		羽	6	13	특급
	수	脩	포육(脯肉)·길다 수	脯脩(포수)	肉	4	11	특급
	조	鞗	고삐 조		革	9	16	특급
		樤	가지 조		木	4	11	
▶	귀	貴	귀하다 귀	貴重(귀중)	貝	7	12	5급
		丄	위 상	上의 고자	一	1	2	
		甴	음 미상	㘴(흙덩이 견)	口	3	5	
		鬢	상투를 틀다 귀		髟	10	22	
	유	遺	남기다 유	遺憾(유감)	辶	4	16	4급
		贘	끼치다 유		貝	7	19	
	퇴	隤	무너지다 퇴	隤圮(퇴비)	阝	3	15	특급
		蹟	넘어지다 퇴		𧾷	7	19	
	궤	潰	무너지다 궤	潰滅(궤멸)	氵	3	15	1급
		蕢	삼태기 궤 흙덩이 괴	蕢畚(궤분) 蕢桴(괴부)	⼗⼗	4	16	특급
		簣	삼태기 궤	葛簣(갈궤)	竹	6	18	특급
		饋	먹이다·보내다 궤	饋送(궤송)	食	9	21	특급
		憒	심란하다 궤	憒亂(궤란)	忄	3	15	

匱 궤	匱	다하다·상자 궤	匱乏(궤핍)	匚	2	14	특급
	櫃	궤짝 궤	金櫃(금궤)	木	4	18	1급
	壝	삼태기 궤		土	3	17	

3. 丶

丶 주	丶	점 주		丶	1	1	
	弓	탄알 탄		弓	3	4	
절	卪	병부 절		卩	2	3	
차	叉	갈래 차	交叉(교차)	又	2	3	1급
범	凡	무릇·대강 범	凡人(범인)	几	2	3	3급
척	斥	물리치다 척	斥邪(척사)	斤	4	5	3급
수	戍	수자리 수	蔑(멸) 篾(멸)	戈	4	6	1급
▶ 태	太	크다 태	太陽(태양)	大	3	4	6급
	汰	일다·걸러내다 태	沙汰(사태)	氵	3	7	1급
	粏	겨로 만든 국 태		米	6	10	
	忲	사치하다 태		忄	3	7	
▶ 빙	氷	얼음 빙	氷河(빙하)	水	4	5	5급
	狜	민족이름 빙		犭	3	8	

		砯	물소리 빙		石	5	10	
▶	영	永	길다 영	永久(영구)	水	4	5	6급
		咏	읊다 영	咏唱(영창)	口	3	8	특급
		泳	헤엄치다 영	水泳(수영)	氵	3	8	3급
		詠	읊다 영	詠歌(영가)	言	7	12	3급
	창	昶	해가 길다·트이다 창		日	4	9	2급
		昹	해가 길다·트이다 창		日	4	9	
▶	주	州	고을 주	公州(공주)	巛	3	6	5급
		洲	물가 주	滿洲(만주)	氵	3	9	3급
	수	酬	갚다 수	報酬(보수)	酉	7	13	1급
		訓	대답하다 수		言	7	13	
朮	출	朮	차조·삽주 출	白朮(백출)	木	4	5	특급
		朮	삼껍질 빈/패		木	4	4	
		怵	두렵다 출	怵惕(출척)	忄	3	8	특급
		炪	따뜻하다 출		火	4	9	
		秫	차조 출		禾	5	9	
	술	述	펴다 술	陳述(진술)	辶	4	9	3급
▶		術	재주 술	美術(미술)	行	6	11	6급

鉥	돗바늘 술		鍼鉥(침술)	金	8	13	특급

4. 丿

丿	별	丿	삐침 별		丿	1	1	
	인	刃	칼날 인	刄(인) 兵刃(병인)	刀	2	3	2급
	둔	屯	진치다 둔/어렵다 준 屯守(둔수) 屯難(준난)		屮	3	4	3급
	발	犮	달리다 발		犬	4	5	
	엄	厃	집 엄	=厂	一	1	2	
▶	필	必	반드시 필	必要(필요)	心	4	5	5급
		佖	점잖다·가득하다 필		亻	2	7	특급
		怭	설만(褻慢)하다·방자하다 필		忄	3	8	특급
		珌	칼집 장식 필		王	4	9	특급
		苾	향기롭다 필		++	4	9	특급
		鉍	창자루 필		金	8	13	특급
		飶	음식향기 필		食	9	14	특급
		馝	향기롭다 필		香	9	14	특급
		駜	말이 살찌다 필		馬	10	15	특급
	비	毖	삼가다 비	懲毖錄(징비록)	比	4	9	2급

		祕	숨기다 비	祕密(비밀)	示	5	10	4급
		秘	숨기다 비	秘密(비밀)	禾	5	10	특급
		閟	닫다 비	靳閟(근비)	門	8	13	특급
		泌	분비(分泌)하다 비 스미다 필	泌尿(비뇨)	氵	3	8	2급
峇	밀	峇	빽빽하다 밀		山	3	7	
		密	빽빽하다 밀	綿密(면밀)	宀	3	11	4급
宓	밀	宓	잠잠하다 밀/성씨 복		宀	3	8	특급
		蜜	꿀 밀	蜜蜂(밀봉)	虫	6	14	3급
		滵	물 모양 밀		氵	3	11	
		宓	빽빽하다 밀		心	4	12	
弔	조	弔	조문하다 조	(弓 조문하다 조)	弓	3	5	
		盉	조문하다 조		皿	5	19	
▶	제	第	차례 제	第次(제차)	竹	6	11	6급
系	계	系	이어매다 계	系統(계통)	糸	6	7	4급
		係	매다·끌다 계	係數(계수)	亻	2	9	4급
	곤	鯀	곤어 곤	곤어(鯀魚)	魚	11	18	특급
		縣	곤어 곤		骨	10	17	

▶	손	孫	손자 손	孫子(손자)	子	3	10	6급
		蓀	향초 손	溪蓀(계손)	艹	4	14	특급
		遜	겸손하다 손	謙遜(겸손)	辶	4	14	1급
		愻	따르다 손		心	4	11	
▶	약	弱	약하다 약	脆弱(취약)	弓	3	10	6급
		蒻	구약(蒟蒻)나물·부들 약	菎蒻(곤약)	艹	4	14	특급
	닉	搦	억누르다 닉		扌	3	13	
		溺	빠지다 닉/오줌 뇨 溺死(익사) 溺器(요기)		氵	3	13	2급

5. 乙

乙	을	乙	둘째천간·새 을	乙種(을종)	乙	1	1	3급
		叿	소리 을		口	3	4	
		耴	뭇 소리 을		耳	6	7	
		舢	배가 다니다 을		舟	6	7	
戹	액	戹	좁다·재앙 액	消戹(소액)	戶	4	5	특급
		靦	보다 액		見	7	12	
		軶	멍에 액		車	7	12	
		餓	굶주리다 액		食	9	14	

6. 亅

亅	궐	亅	갈고리 궐		亅	1	1	
	정	个	넷째천간 정		人	2	3	
	촉	亍	자축거리다 촉		二	2	3	
	우	于	어조사·하다 우	于嘔(우구)	二	2	3	3급
丁	정	丁	넷째천간·장정 정	丁年(정년)	一	1	2	4급
		汀	물가·모래섬 정	沙汀(사정)	氵	3	5	2급
		玎	옥 소리 정/쟁	玎璫(정당)	王	4	6	특급
		町	밭두둑 정	町當(정당)	田	5	7	1급
		訂	바로잡다 정	訂正(정정)	言	7	9	3급
		酊	술취하다 정	酒酊(주정)	酉	7	9	1급
		釘	못 정	眼中釘(안중정)	金	8	10	1급
		頂	정수리 정	頂上(정상)	頁	9	11	3급
		罘	작은 그물 정		罒	5	7	
▶	타	打	치다 타	打擊(타격)	扌	3	5	**5급**
宁	저	宁	쌓다 저	新宁(신저)	宀	3	5	
		佇	우두커니 서다 저	佇思(저사)	亻	2	7	특급

		苧	모시 저	苧麻(저마)	++	4	9	특급
		紵	모시 저	紵布(저포)	糸	6	11	특급
		羜	새끼 양 저		羊	6	11	특급
▶		貯	쌓다 저	貯金(저금)	貝	7	12	5급
亭	정	亭	정자·역말 정	亭閣(정각)	亠	2	9	3급
		高	높다 고	亭 = 高 + 丁	高	10	10	
▶		停	머무르다 정	停車(정거)	亻	2	11	5급
		渟	물괴다 정	渟水(정수)	氵	3	12	특급
		諪	조정하다·고르다 정		言	7	16	특급

7. 乚

乚	은	乚	숨다 은		=乚 乙	1	1	
	을	鳦	새 을		鳥	11	12	
	알	軋	삐걱거리다 알	軋轢(알력)	車	7	8	1급
		扎	굳세다 알		力	2	3	
	찰	扎	뽑다 찰		扌	3	4	특급
		札	패·편지 찰	落札(낙찰)	木	4	5	2급
	공	孔	구멍 공	孔子穿珠(공자천주)	子	3	4	4급

망	亡	망하다 망				人	2	3
乇 탁	乇	풀잎·부탁하다 탁	乇羅(탁라)			ノ	1	3
	七	일곱 칠				一	1	2
	托	맡기다 탁	依托(의탁)			扌	3	6	3급
	託	부탁하다 탁	請託(청탁)			言	7	10	2급
▶ 택	宅	집 택/댁	宅地(택지)	宅內(댁내)	宀	3	6	5급
	烢	터지다·갈라지다 택				火	4	10
타	咤	꾸짖다 타	叱咤(질타)			口	3	9	특급
	垞	흙 둔덕 타				土	3	6
차	侘	낙망(落望)하다 차	侘傺(차제)			亻	2	8	특급
	蛇	해파리 차				虫	6	12
巳 사	巳	뱀 사	巳月(사월)			己	3	3	3급
	汜	지류·늪 사				氵	3	6	특급
	戺	문지방 사	階戺(계사)			戶	4	7	특급
	祀	제사(祭祀) 사				示	5	8	3급
包 포	包	싸다 포	包括(포괄)			勹	2	5	4급
	咆	고함지르다 포	咆哮(포효)			口	3	8	1급

庖	부엌 포		庖廚(포주)	广 3 8 1급
抱	안다 포	抱負(포부) 抱擁(포옹)		扌 3 8 3급
泡	거품 포		泡沫(포말)	氵 3 8 1급
胞	세포 포		細胞(세포)	肉 4 9 4급
疱	물집 포		水疱(수포)	疒 5 10 1급
砲	대포(大砲) 포		發砲(발포)	石 5 10 4급
袍	도포(道袍)·두루마기 포			衤 5 10 1급
飽	배부르다 포		飽食(포식)	食 9 14 3급
鮑	절인 물고기·전복(全鰒) 포		鮑尺(포척)	魚 11 16 2급

8. ㄱ

ㄱ	곤	ㄱ	꼬부라진 끝 곤		乙 1 1
	환	幻	변하다 환		幺 3 4
司	사	司	맡다·벼슬 사	司令(사령)	口 3 5 3급
		伺	엿보다 사	伺察(사찰)	亻 2 7 특급
		祠	사당 사	祠堂(사당)	示 5 10 1급
		笥	상자 사	杻笥(축사)	竹 6 11 특급
		詞	말·글 사	佳詞(가사)	言 7 12 3급

		嗣	잇다 사		承嗣(승사)	口	3	13	1급
		飼	기르다 사		飼育(사육)	食	9	14	2급
▶	국	局	판 국			尸	3	7	5급
		挶	가지다 국			扌	3	10	
		焗	찌다 국			火	4	11	
		跼	구부리다 국		跼步(국보)	𧾷	7	14	

9. ㄅ

ㄅ	궁	ㄅ	활 궁	弓의 약자로 간주	弓	3	3	
	만	卐	만(卍) 만	卍字(만자)	十	2	6	1급
丂	고	丂	기뻐하려 하다 막히다 고		一	1	2	
		攷	생각하다 고 論攷(논고) 논고(論考)		攵	4	6	특급
	교	巧	공교(工巧)하다 교	巧妙(교묘)	工	3	5	3급
		扝	기교 교		扌	3	5	
	후	朽	썩다 후	老朽(노후)	木	4	6	1급
		歽	썩다 후		歹	4	6	
号	호	号	부르짖다 호		口	3	5	

▶		號	이름 호	番號(번호)	虍	6	13	6급
		虖	범 호		虍	6	8
	효	鴞	부엉이·올빼미 효	山鴞(산효)	鳥	11	16	특급
		詨	부르짖다 효		言	7	12
朿	지	朿	멈추다 지		ノ	1	4
	시	枾	감나무 시		木	4	9
	치	刺	베다 치		刂	2	6
	자	胏	밥찌끼 자		肉	4	9	특급
		秭	부피 이름·천억 자		禾	5	10	특급
	제	泲	강 이름 제		氵	3	8	특급
▶	고	考	생각하다 고	考慮(고려)	耂	4	6	5급
		拷	치다 고	拷訊(고신)	扌	3	9	1급
		栲	북나무·때리다 고	栲栳(고로)	木	4	10	특급
		烤	말리다 고		火	4	10

10. ⎱

⎱	궐	⎱	갈고랑이 궐/칼 모양 제		亅	1	1
	갈	乚	움직이다 갈		亅	1	2

丩	구	丩	얽히다 구/규		ㅣ	1	2	
		劬	큰힘 구		力	2	4	
	규	叫	부르짖다 규	叫喚(규환)	口	3	5	3급
		糾	얽히다·들추어내다 규 찬찬하다 교	糾合(규합)	糸	6	8	3급
		赳	헌걸차다 규		走	7	9	특급
▶	이	以	써·쓰다 이	以內(이내)	人	2	5	**5급**
		苡	율무·질경이(苢) 이	薏苡粥(의이죽)	++	4	9	특급
		飴	떡 이		食	9	14	
	사	似	같다·닮다 사	似而非(사이비)	亻	2	7	3급
		耜	보습 사		耒	6	11	
丱	관	丱	총각·쌍상투 관	童丱(동관)	ㅣ	1	5	특급
		關	빗장 관	= 關	門	8	13	
	광	鑛	쇳돌 광	= 礦	金	8	13	
虛	허	虛	비다 허	虛構(허구)	虍	6	12	4급
		噓	불다 허	吹噓(취허)	口	3	15	1급
		墟	터 허	廢墟(폐허)	土	3	15	1급
	희	戲	희롱(戲弄)하다 희	戲曲(희곡)	戈	4	16	특급

		甀	장군·동이 희		瓦	5	17	
絲	관	絲	꿰다 관		幺	3	11	
▶		關	빗장·관계하다 관	關聯(관련)	門	8	19	5급
	련	聯	연잇다 련	關聯(관련)	耳	6	17	3급
		爝	약한 불 련		火	4	15	
厎	파	厎	물의 지류 파 (厂 끌어당기다 예)		丿	1	6	
		派	갈래 파	派兵(파병)	氵	3	9	4급
		紙	흩어진 실 파		糸	6	12	
		蚾	눈에놀이 파		虫	6	12	
脈	맥	脈	줄기 맥	脈絡(맥락)	肉	4	10	4급
		霡	가랑비 맥		雨	8	18	특급
		驀	새가 놀라서 보다 맥		鳥	11	21	
▶	려	旅	나그네 려	旅行(여행)	方	4	10	5급
		膂	등골 려	脊膂(척려)	肉	4	14	특급
		簃	광주리 려		竹	6	16	
		臀	등골 려		肉	6	16	

11. 乀

乀	불	乀	파임 불		丿	1	1	
乂	예	乂	깎다·다스리다 예	刈와 동자	丿	1	2	특급
尺	척	尺	자 척	尺度(척도)	尸	3	4	3급
▶	사	史	사기·사관 사	史記(사기)	口	3	5	5급
		鉇	쇠고리 사		金	8	13	
		駛	달리다 사		馬	10	15	
		醶	술이 독하다 사		酉	10	15	
丈	장	丈	어른·길이·지팡이 장	丈夫(장부)	一	1	3	3급
		仗	의장(儀仗) 장	兵仗(병장)	亻	2	5	1급
		杖	지팡이 장	棍杖(곤장)	木	4	7	1급
		疢	질병 장		疒	5	8	
吏	리	吏	벼슬아치 리	官吏(관리)	口	3	6	3급
		悷	근심하다 리		忄	3	9	
▶	사	使	부리다·하여금 사	使臣(사신)	亻	2	8	6급
		猀	짐승 이름 사		犭	3	9	

- 22 -

12. 二

二	이	二	둘·두·다음 이	二分(이분)	二	2	2	8급
		刵	깍아내다 이		刂	2	4	
		弍	두 이		弋	3	5	
	인	仁	어질다 인	仁者(인자)	亻	2	4	4급
		忈	어질다 인		心	4	6	
	축	竺	대나무·천축(인도) 축	天竺(천축)	竹	6	8	특급
▶	원	元	으뜸 원	元年(원년)	儿	2	4	5급
		沅	물 이름 원		氵	3	7	특급
		黿	자라 원		黽	13	17	특급
	완	阮	성씨 완		阝	3	7	1급
		玩	즐기다 완	玩賞(완상)	王	4	8	1급
		頑	완고하다 완	頑固(완고)	頁	9	13	1급
		翫	구경하다 완	翫弄(완롱)	羽	6	15	특급
		習	익히다 습		羽	6	11	
▶	완	完	완전하다 완	完全(완전)	宀	3	7	5급
		垸	섞어 바르다 완	香垸(향완)	土	3	10	특급

		浣	빨다 완	浣衣(완의)	氵	3	10	특급
		脘	위 완		肉	4	11	특급
		琓	나라 이름 완	琓夏國(완하국)	王	4	11	특급
		莞	빙그레하다 완 왕골 관	莞島(완도)	++	4	11	2급
▶	원	院	집 원	病院(병원)	阝	3	10	5급
	환	晥	밝다 환		日	4	11	특급
		睆	밝다·추파던지다 환		目	5	12	특급
	관	梡	도마 관/완		木	4	11	특급
▶	표	表	겉 표	表裏(표리)	衣	6	8	6급
		俵	나누어 주다 표	俵給(표급)	亻	2	10	특급
		裱	목도리 표		衤	5	13	
		錶	시계 표		金	8	16	

13. 亠

亠	두	亠	돼지해머리 두		亠	2	2	
	변	卞	성씨·조급하다 변	卞急(변급)	卜	2	4	2급
	원	円	둥글다 원		冂	2	4	
▶	충	充	차다·채우다 충	充分(충분)	儿	2	6	5급

	允	진실로·미쁘다 윤		儿	2	6	
	琉	귀막이 옥 충		王	4	10	특급
총	銃	총 총	銃器(총기)	金	8	14	4급
	硫	총 총		石	5	11	
통	統	거느리다 통	統制(통제)	糸	6	12	4급
▶ 야	夜	밤 야/고을 이름 액	夜光(야광)	夕	3	8	6급
	鍦	거울 야		金	8	16	
액	液	진·즙 액	液晶(액정)	氵	3	11	4급
	掖	끼다·겨드랑이 액		扌	3	11	특급
	腋	겨드랑이 액	腋花(액화)	肉	4	12	1급
	袯	겨드랑이 솔기 액		衤	5	13	

14. 人

人 인	人	사람 인	人間(인간)	人	2	2	8급
	魜	인어 인		魚	11	13	
섬	閃	번쩍이다 섬	閃燿(섬요)	門	8	10	1급
와	臥	눕다 와	臥席(와석)	臣	6	8	3급
측	庂	기울다 측	雁(응)	广	3	5	

	수	囚	가두다 수		囚人(수인)	口	3	5	3급
	유	臾	잠깐 유		須臾(수유)	臼	6	8	특급
	언	放	나부끼다 언			方	4	6	
盈	온	盈	어질다 온			皿	5	10	
		媼	할미 온		媒媼(매온)	女	3	13	특급
		慍	성내다 온		慍意(온의)	忄	3	13	특급
▶		溫	따뜻하다 온		溫暖(온난)	氵	3	13	6급
		瑥	사람 이름 온			王	4	14	특급
		瘟	염병(染病) 온		瘟鬼(온귀)	疒	5	15	특급
		醞	술빚다 온		醞釀(온양)	酉	7	17	특급
		韞	감추다 온			韋	9	19	특급
縕	온	縕	묵은 솜 온		縕袍(온포)	糸	6	16	특급
		蘊	쌓다 온		蘊奧(온오)	++	4	20	1급
从	종	从	따르다 종		從의 본자	人	2	4	
	좌	坐	앉다 좌		坐井觀天(좌정관천)	土	3	7	3급
	협	夾	끼다 협		夾攻(협공)	大	3	7	특급
	섬	戔	끊어지다 섬		鐵(섬)	戈	4	8	

15. 亻

| 亻 | 인 | 亻 | 사람 인 | | 亻 | 2 | 2 | |
| | 항 | 衖 | 가다 항 | | 行 | 6 | 8 | |

16. 儿

儿	인	儿	어진 사람 인		儿	2	2	
	강	羌	오랑캐 강		羊	6	8	특급
	용	宂	한가(閑暇)롭다·쓸데없다 용 宂長(용장) 宂雜(용잡)		宀	3	5	특급
	윤	胤	자손 윤	後胤(후윤)	肉	4	9	2급
		胘	소처녑 현		肉	4	7	
	필	匹	짝 필 집오리 목	匹敵(필적) 鶩과 통용	匸	2	4	3급
	사	四	넉 사	四顧無親(사고무친)	囗	3	5	8급
	독	禿	대머리 독	禿頭(독두)	禾	5	7	1급
	모	兒	모양 모/모사하다 막	貌(모)	白	5	7	
甚	심	甚	심하다 심	甚至於(심지어)	甘	5	9	3급
		葚	오디 심		++	4	13	특급
		諶	믿다 심	難諶(난심)	言	7	16	특급

		煁	화로 심		火	4	13	
	짐	斟	짐작하다 짐	斟酌(짐작)	斗	4	13	1급
		諶	옮기지 않다 짐		立	5	14	
	감	勘	헤아리다 감	勘案(감안)	力	2	11	1급
		堪	견디다 감	堪耐(감내)	土	3	12	1급
		戡	이기다 감	戡亂(감란)	戈	4	13	특급
	담	湛	즐기다 담/잠 湛樂(담락) 湛淡(잠담)		氵	3	12	특급
		黮	검다 담/탐; 오디 심 黮黮(담담) 黮闇(탐암)		黑	12	21	특급
先	록	先	버섯 록		土	3	5	
	육	奉	두 손으로 물건을 받들다 육		廾	3	8	
坴	륙	坴	언덕 륙		土	3	8	
▶		陸	뭍 륙	陸地(육지)	阝	3	11	5급
	규	逵	길거리 규	逵路(규로)	辶	4	12	1급
	목	睦	화목(和睦)하다 목	親睦(친목)	目	5	13	3급

17. 入

| 入 | 입 | 入 | 들다·들이다 입 | 入試(입시) | 入 | 2 | 2 | 7급 |
| | | 込 | 가마니 입 | | 口 | 3 | 5 | |

	圦	수문 입		土	3	5	
	扖	끼이다 입		扌	3	5	
적	籴	쌀사다 적	糴(적)	米	6	8	

18. 八

八	팔	八	여덟 팔	八苦(팔고)	八	2	2	8급
		叭	나팔 팔	喇叭(나팔)	口	3	5	특급
		朳	고무래 팔		木	4	6	
	파	蚆	메뚜기 파		虫	6	8	
		趴	기어가다 파		足	7	8	
	별	汃	나누다 별	別의 고자	八	2	4	
	창	刅	해치다 창		刀	2	4	
	발	夶	달리다 발		大	3	5	
▶	반	半	반·가운데 반	半年(반년)	十	2	5	6급
		伴	짝·모시다 반	伴侶(반려)	亻	2	7	3급
		叛	배반하다 반	背叛(배반)	又	2	9	3급
		反	되돌리다 반		又	2	4	
		拌	버리다 반	攪拌(교반)	扌	3	8	1급

		泮	물가·녹다 반	泮橋(반교)	氵	3	8	특급
		胖	살찌다 반	肥胖(비반)	肉	4	9	특급
		畔	밭두둑 반	湖畔(호반)	田	5	10	1급
		絆	얽어매다 반	絆瘡膏(반창고)	糸	6	11	1급
	번	袢	속옷 번/차려입다 반		衤	5	10	특급
	판	判	가르다·판단 판	判斷(판단)	刂	2	7	4급

19. 冂

冂	경	冂	멀다 경		冂	2	2	특급
	내	內	안 내	內科(내과)	入	2	4	7급
丙	병	丙	셋째천간·남녘 병	丙科(병과)	一	1	5	3급
		怲	근심하다 병		忄	3	8	특급
		昺	밝다·불꽃 병		日	4	9	2급
		昞	밝다 병		日	4	9	2급
		柄	자루·근본 병	身柄(신병)	木	4	9	2급
		炳	불꽃 병	炳耀(병요)	火	4	9	2급
▶		病	질병 병	疾病(질병)	疒	5	10	6급
央	앙	央	가운데 앙	中央(중앙)	大	3	5	3급

		快	원망하다 앙	怏宿(앙숙)	忄	3	8	1급
		殃	재앙 앙	災殃(재앙)	歹	4	9	3급
		盎	동이 앙	盎缶(앙부)	皿	5	10	특급
		秧	모 앙	移秧(이앙)	禾	5	10	1급
		鞅	가슴걸이·짊어지다 앙	馬鞅(마앙)	革	9	14	특급
		鴦	원앙 앙	鴛鴦(원앙)	鳥	11	16	1급
		泱	깊다 앙·구름이 일다 영		氵	3	8	특급
	영	映	비치다 영	映畫(영화)	日	4	9	4급
		柍	나무이름 영		木	4	9	
▶	영	英	꽃부리 영	英語(영어)	++	4	9	6급
		渶	물이 맑다 영		氵	3	12	특급
		暎	비치다 영	放映(방영)	日	4	13	2급
		煐	빛나다 영		火	4	13	특급
		瑛	옥빛 영		王	4	13	2급
		霙	진눈깨비 영		雨	8	17	특급
		鍈	방울소리 영/앙		金	8	17	특급
周	주	周	두루 주	周年(주년)	口	3	8	4급
		吉	길하다 길		口	3	6	

▶		週	주일 주	週日(주일)	辶	4	12	5급
		裯	홑이불 주/소매 도	筓裯(자주)	衤	5	13	특급
		綢	얽다·빽빽하다 주	細綢(세주)	糸	6	14	특급
	조	凋	시들다 조	凋落(조락)	冫	2	10	1급
		彫	새기다 조	彫刻(조각)	彡	3	11	2급
		稠	빽빽하다 조	稠密(조밀)	禾	5	13	1급
		蜩	매미 조	蜩螗(조진)	虫	6	14	특급
▶		調	고르다 조	調査(조사)	言	7	15	5급
		雕	독수리·아로새기다 조	雕刻(조각)	隹	8	16	특급
	척	倜	얽매이지 않다 척	倜儻(척당)	亻	2	10	특급

20. 冖

冖	멱	冖	덮다 멱		冖	2	2	
	군	軍	군사 군	軍事(군사)	車	7	9	8급
▶	로	勞	일하다 로	勞動(노동)	力	2	12	5급
		炒	불꽃 개		火	4	8	
		撈	건지다 로	撈採(노채)	扌	3	15	1급
		傍	수고롭다 로		亻	2	14	

		憥	지치다 로		忄	3	15	
榮	영	榮	영화 영	榮華(영화)	木	4	14	4급
		嶸	가파르다 영	崢嶸(쟁영)	山	3	17	특급
		濚	졸졸 흐르다 영	濚水(영수)	氵	3	17	특급
		嚶	울다 영		口	3	17	
瑩	영	瑩	밝다 영 의혹하다 형	瑩鏡(영경) 瑩澈(형철)	玉	5	15	2급
		璗	밝다 영/의혹하다 형	= 瑩	王	4	19	
	형	瀅	물이 맑다 형	瀅淳(형정)	氵	3	18	2급
鎣	형	鎣	(쇠로 만든) 줄 형		金	8	18	특급
		濴	물 이름·사람 이름 형		氵	3	21	특급

21. 冫

冫	빙	冫	얼음 빙		冫	2	2	
	손	飡	밥 손·벼슬 이름 찬		食	9	11	특급
	빙	馮	업신여기다·뽐내다 빙 성씨 풍	馮氣(빙기) 馮夷(풍이)	馬	10	12	2급
▶	한	寒	차다 한	寒露(한로)	宀	3	12	5급

寎	틈새 하	宀 3	10
傆	좀스럽다 한	亻 2	14
澴	차다 한	氵 3	15
蔊	꽈리 한	++ 4	16

22. 几

几	궤	几	안석 궤	靈几(영궤)	几 2 2	1급
		机	책상 궤	机上(궤상)	木 4 6	1급
	항	亢	높다 항	亢進(항진)	亠 2 4	2급
几	수	几	퍼득거리다 수		几 2 2	
		夏	바쁘게 걷다 복		夂 3 5	

23. 凵

凵	감	凵	입을 벌리다 감		凵 2 2	
		凼	웅덩이 감		水 4 6	
	예	叀	굴대 끝 예/세	= 轊(세)	車 7 9	
	세	世	인간·세대 세	世界(세계)	一 1 5	7급

七 일곱 칠   一   1   2

24. 刀

刀	도	刀	칼 도	刀痕(도흔)	刀	2	2	3급
		叨	탐하다 도	添叨(첨도)	口	3	5	특급
		忉	근심하다 도	忉忉(달도)	忄	3	5	특급
召	소	召	부르다 소	召集(소집)	口	3	5	3급
		沼	연못 소	沼池(소지)	氵	3	8	2급
		邵	땅 이름·성씨 소		阝	3	8	2급
		栬	나무흔들리다 소		木	4	9	특급
		玿	아름다운 옥 소		王	4	9	특급
		韶	풍류·아름답다 소	韶華(소화)	音	9	14	특급
		炤	밝다 소 비추다 조		火	4	9	특급
		紹	잇다 소	紹介(소개)	糸	6	11	2급
	조	詔	조서 조	詔書(조서)	言	7	12	1급
	초	招	부르다 초 별이름 소/들다·걸다 교	招請(초청) 招搖(소요)	扌	3	8	4급
		苕	완두 초		++	4	9	특급
		貂	담비 초	貂皮(초피)	豸	7	12	1급

		超	뛰어넘다 초		超越(초월)	走	7	12	3급

25. 刂

刂	도	刂	칼 도			刂	2	2	
	변	辨	나누다·분별하다 변			辛	7	16	3급
		辯	따지다 변			辛	7	14	
▶	반	班	나누다 반		班長(반장)	王	4	10	6급
		珏	쌍옥 각			王	4	8	
	쇠	釗	쇠·힘쓰다 쇠			金	8	10	특급
訓	현	訇	소리 현			言	7	9	
	벌	罰	벌하다 벌		罰金(벌금)	罒	5	14	4급
		罸	풀 이름 벌			++	4	18	

26. 力

力	력	力	힘 력		力不及(역불급)	力	2	2	7급
		屴	험준하다 력			山	3	5	
	륵	肋	갈빗대 륵		鷄肋(계륵)	肉	4	6	1급

	남	男	사내 남	男便(남편)	田	5	7	7급
另	령	另	헤어지다·별다른 령	另日(영일)	口	3	5	
	괴	拐	후리다·꾀어내다 괴	誘拐(유괴)	扌	3	8	1급
		蜗	개구리 괴		虫	6	11	
▶	별	別	다르다·나누다 별	別居(별거)	刂	2	7	6급
		莂	모종내다 별		++	4	11	
	팔	捌	깨뜨리다 팔	捌相殿(팔상전)	扌	3	10	특급
		枍	나무 이름 팔/어음 폐		木	4	11	

27. 勹

	포	勹	싸다 포		勹	2	2	
勹	휘	炔	빛나다 휘		火	4	6	
	전	甸	경기 전		田	5	7	
	순	旬	열흘 순	七旬(칠순)	日	4	6	3급
	전	甸	경기(京畿) 전	京甸(경전)	田	5	7	2급
句	구	句	글귀 구	句節(구절)	口	3	5	4급
		劬	수고하다 구	劬勤(구근)	力	2	7	특급

		拘	잡다 구	拘束(구속)	扌	3	8	3급
		狗	개 구	狗肉(구육)	犭	3	8	3급
		枸	구기자(枸杞子) 구		木	4	9	1급
		筍	통발 구	敝筍(폐구)	竹	6	11	특급
		耈	늙다·늙은이 구	耈老(구로)	老	6	11	특급
		鉤	갈고리 구	雙鉤(쌍구)	金	8	13	1급
		雊	구관조·부엉이 구		佳	8	13	특급
		駒	망아지 구	隙駒(극구)	馬	10	15	1급
昫	후	昫	따뜻하다 후/구	昫嫗(후구)	日	4	9	
		煦	따스하다 후	煦柔(후유)	灬	4	13	특급
苟	구	苟	진실로·구차하다 구	苟且(구차)	⧺	4	9	3급
		猗	개 구		犭	3	12	
▶	경	敬	공경 경	恭敬(공경)	攵	4	13	5급
		儆	경계(警戒)하다 경	儆誡(경계)	亻	2	15	2급
		擎	들다·받들다 경		手	4	17	특급
		檠	도지개·등잔걸이 경		木	4	17	특급
		璥	경옥(瓊玉) 경		王	4	17	특급
		警	깨우치다 경	警告(경고)	言	7	20	4급

		驚	놀라다 경		驚愕(경악)	馬	10	23	4급
舃	석	舃	신발·빛나다 석		赫舃(혁석)	臼	6	12	
		潟	개펄 석			氵	3	15	
		蕮	질경이 석			++	4	16	
		碣	주춧돌 석			石	5	17	
▶	사	寫	베끼다 사		寫眞(사진)	宀	3	15	5급
		瀉	쏟다 사		泄瀉(설사)	氵	3	18	1급
		蕮	풀 이름 사			++	4	19	
		鎬	거푸집 사			金	8	23	
蜀	촉	蜀	나비애벌레·나라이름 촉	蜀漢(촉한)		虫	6	13	2급
		罒	나비애벌레·나라이름 촉			罒	5	7	
		燭	촛불 촉		燭光(촉광)	火	4	17	3급
		蠋	뽕나무벌레 촉			虫	6	19	특급
		觸	닿다 촉		觸感(촉감)	角	7	20	3급
		躅	밟다·자취 촉		軌躅(궤촉)	⻊	7	20	특급
▶	독	獨	홀로 독		獨島(독도)	犭	3	16	5급
		髑	홀로 독			身	7	20	
	탁	濁	흐리다 탁		濁酒(탁주)	氵	3	16	3급

		憷	심란하다 탁			忄	3	16
屬	속	屬	무리·좇다 속 잇다·맡기다 촉	屬國(속국) 屬酒(촉주)	尸	3	21	4급
		尾	꼬리 미			尸	3	8
		攦	치다 속			攴	4	25
	촉	囑	부탁하다 촉	委囑(위촉)	口	3	24	1급
		曯	비추다 촉			日	4	25
		爥	촛불 촉			火	4	25
		躅	머뭇거리다 촉			足	7	15

28. 匕

匕	비	匕	비수 비	匕首(비수)	匕	2	2	1급
	빈	牝	암컷 빈	牝牛(빈우)	牛	4	6	특급
	질	叱	꾸짖다 질	叱責(질책)	口	3	5	1급
	니	尼	여승 니	印尼(인니)	尸	3	5	2급
	지	旨	뜻·맛있다 지	要旨(요지)	日	4	6	2급
	차	此	이 차	此際(차제)	止	4	6	3급
	타	它	다르다 타			宀	3	5	특급
皀	급	皀	향기롭다 핍/급; 하인 조			白	5	7

	적	炮	불이 보이다 적		火	4	11	
	경	卿	벼슬 경	卿尹(경윤)	卩	2	12	3급
		卯	넷째지지·토끼 묘		卩	2	5	
卽	즉	卽	곧 즉	卽死(즉사)	卩	2	9	3급
		喞	두런거리다 즉		口	3	12	
		堲	미워하다 즉/벽돌굽다 즐		土	3	12	
▶	절	節	마디 절	節約(절약)	竹	6	15	**5급**
		癤	부스럼 절	癤瘍(절양)	疒	5	20	특급
	즐	櫛	빗 즐	櫛比(즐비)	木	4	19	1급
		擳	씻다 즐		扌	3	18	
殷	궤	殷	제기 이름 궤(簋)		殳	4	11	
	구	廏	마구 구	馬廏(마구)	广	3	14	1급
旣	기	旣	이미 기	旣存(기존)	无	4	11	3급
		兂	목이 메다 기		无	4	4	
		墍	흙바르다 기		土	3	14	특급
		曁	미치다 기	(旦 아침 단)	日	4	16	특급
	개	嘅	탄식(歎息·嘆息)하다 개		口	3	14	특급

		慨	슬퍼하다 개	慨歎(개탄)	↑	3	14	3급
		漑	물대다 개	灌漑(관개)	氵	3	14	1급
		槪	대개·평미래 개	大槪(대개)	木	4	15	3급
		槩	평미레·대개 개	量槩(양개)	木	4	15	특급
	구	廄	마구간(馬廄間) 구		广	3	14	특급
▶	능	能	능하다 능 견디다 내	能力(능력) 耐와 통용	肉	4	10	5급
		肻	작은 벌레 원		肉	4	6	
		嘅	수다스럽다 능		口	3	13	
	태	態	모습 태	態度(태도)	心	4	14	4급
		儜	모양 태		亻	2	12	
熊	웅	熊	곰 웅	熊膽(웅담)	灬	4	14	2급
		襱	굳세다 웅		衤	5	19	
	비	羆	곰 비	熊羆(웅비)	罒	5	19	특급
	피	蔉	쇠꼬리 피		++	4	18	
罷	파	罷	마치다 파 고달프다 피	罷免(파면) 罷民(피민)	罒	5	15	3급
		擺	열다·벌리다 파	擺撥馬(파발마)	扌	3	18	특급
		耰	써레 파		耒	6	21	
		鑼	갈다 파		金	8	23	

▶	사	死	죽다 시	死亡(사망)	歹	4	6	6급
	자	欼	깨어나다 자	(次 버금 차)	欠	4	12	
		次	버금 차		欠	4	6	
	시	屍	주검 시	屍體(시체)	尸	3	9	2급
	폐	斃	죽다 폐	斃死(폐사)	攵	4	18	1급
		敝	해지다 폐		攵	4	12	
		㡀	해진 옷 폐		巾	3	7	
葬	장	塟	장사지내다 장		廾	3	9	
		葬	장사지내다 장	葬禮(장례)	++	4	13	3급
薨	훙	薨	죽다 훙	薨逝(훙서)	++	4	17	특급
		苜	거여목 목		++	4	9	
		儚	어둡다 훙		亻	2	19	
		顝	어둡다 훙		頁	9	26	
		瀇	물결소리 훙		氵	3	20	

29. 匚

匚	방	匚	상자 방		匚	2	2

瘧	학	疟	학질 학		疒	5	8
		窪	모질다 학	=虐	穴	5	8
		霍	모질다 학	=虐	雨	8	11
	창	仺	창고 창		人	2	5

虐	학	虐	모질다 학	虐待(학대)	虍	6	9	2급
		瘧	학질·말라리아 학	瘧疾(학질)	疒	5	14	1급
		謔	희롱하다 학	諧謔(해학)	言	7	16	1급

30. 匸

匸	혜	匸	감추다 혜		匸	2	2
	야	芒	어조사 야	=弋	++	4	6

31. 十

十	십	十	열 십	十分(십분)	十	2	2	8급
		什	열사람 십 세간 집	什長(십장) 什器(집기)	亻	2	4	1급
	침	針	바늘 침	方針(방침)	金	8	10	4급
▶	계	計	세다 계	計算(계산)	言	7	9	6급

▶	고	古	예·선조 고		古今(고금)	口	3	5	6급
		姑	시어미 고		姑婦(고부)	女	3	8	3급
		沽	팔다·사다 고		沽酒(고주)	氵	3	8	특급
		枯	마르다 고		枯死(고사)	木	4	9	3급
		罟	그물 고	索罟(삭고)	數罟(촉고)	罒	5	10	특급
		辜	허물 고		無辜(무고)	辛	7	12	1급
		酤	계명주·단술 고	茶酤之利(다고지리)		酉	7	12	특급
	호	岵	산 호	陟岵之情(척호지정)		山	3	8	특급
		怙	믿다 호		怙勢(호세)	忄	3	8	특급
		祜	복(福)·행복(幸福) 호			示	5	10	2급
▶	고	固	굳다 고		固守(고수)	囗	3	8	5급
		痼	고질 고		痼疾(고질)	疒	5	13	1급
		錮	막다 고		禁錮(금고)	金	8	16	1급
	개	個	낱·한쪽 개		個人(개인)	亻	2	10	4급
		箇	낱 개		箇數(개수)	竹	6	14	1급
胡	호	胡	되·오랑캐 호		胡亂(호란)	肉	4	9	3급
▶		湖	호수 호		湖水(호수)	氵	3	12	5급
		瑚	산호 호		珊瑚(산호)	王	4	13	1급

		葫	마늘·호리병박 호	葫蘆(호로)	++	4	13	특급
		糊	풀칠하다·죽 호	模糊(모호)	米	6	15	1급
		蝴	나비 호	胡蝶(호접)	虫	6	15	특급
▶	고	苦	(맛이) 쓰다 고	苦痛(고통)	++	4	9	6급
		楛	거칠다 고/싸리나무 호 苦耕(고경)	楛矢(호시)	木	4	13	특급
		姑	영리하다 고		女	3	12	
		痼	고달프다 고		疒	5	14	

32. 卜

卜	복	卜	점 복	卜占(복점)	卜	2	2	3급
▶	박	朴	성씨·순박하다 박	淳朴(순박)	木	4	6	6급
	외	外	바깥 외	外交(외교)	夕	3	5	8급
	상	上	위·오르다 상	上京(상경)	一	1	3	7급
	하	下	아래·내리다 하	下人(하인)	一	1	3	7급
▶	탁	卓	높다 탁	卓越(탁월)	十	2	8	5급
		早	이르다 조		日	4	6	
		倬	크다 탁		亻	2	10	특급
		晫	밝다 탁		日	4	12	특급

		琸	사람 이름 탁		王	4	12	특급
작		綽	너그럽다 작	綽約(작약)	糸	6	14	1급
도		悼	슬퍼하다 도	哀悼(애도)	忄	3	11	2급
		掉	흔들다 도	掉尾(도미)	扌	3	11	1급
		棹	노 도/책상 탁	棹歌(도가)	木	4	12	특급
조		罩	가리 조	帽簷眼罩(모첨안조)	罒	5	13	특급

33. 卩

卩	절	卩	병부·신표 절		卩	2	2	
	고	叩	두드리다 고	叩頭謝恩(고두사은)	口	3	5	1급
㔾	절	㔾	병부 절		卩	2	2	
	범	犯	범하다 범	犯罪(범죄)	犭	3	5	4급
	액	厄	재앙 액/옹이 와	厄運(액운)	厂	2	4	3급
	원	夗	누워 뒹굴다 원		夕	3	5	
殳	복	殳	일하다 복		又	2	4	
▶		服	옷 복	服裝(복장)	月	4	8	6급
		服	배 복		舟	6	10	
		躬	옷 복		身	7	11	

報	보	報	갚다·알리다 보	報償(보상) 報告(보고)	土	3	12	4급
		藜	거칠다 보		++	4	16	4급
	궐	闕	대궐 궐		門	8	20	

34. 厂

厂	엄	厂	언덕 한/기슭 엄		厂	2	2	
	측	仄	기울다 측	平仄(평측)	人	2	4	특급
▶	반	反	되돌리다 반	反對(반대)	又	2	4	6급
		返	돌이키다 반	返還(반환)	辶	4	8	3급
		飯	밥 반	飯饌(반찬)	食	9	13	3급
	판	坂	언덕 판	氷坂(빙판)	土	3	7	특급
		阪	언덕 판	嶮阪(험판)	阝	3	7	2급
		昄	크다 판/반	昄章(판장)	日	4	8	특급
▶		板	널 판	懸板(현판)	木	4	8	5급
		版	판목 판	出版(출판)	片	4	8	3급
		販	팔다 판	販賣(판매)	貝	7	11	3급
		鈑	금박 판	鈑子(판자)	金	8	12	특급

屵	알	屵	가파르다 알		山	3	5	
		骱	뼈가 불거지다 알		骨	10	15	
▶	탄	炭	숯 탄	炭素(탄소)	火	4	9	5급

35. ム

ム	모	ム	아무·마늘 모 사사롭다 사	ム地(모지) 私의 고자	ム	2	2	
	사	私	사사롭다 사	私事(사사)	禾	5	7	4급
	구	勾	글귀·굽다 구	勾幹(구간)	勹	2	4	특급
	변	弁	고깔 변	弁兜(변두)	廾	3	5	2급
	윤	允	맏·허락하다 윤	允許(윤허)	儿	2	4	2급
	홍	弘	크다 홍	弘報(홍보)	弓	3	5	3급
云	운	云	이르다·운행하다 운	云謂(운위)	二	2	4	3급
		沄	돌아흐르다 운	泫沄(현운)	氵	3	7	특급
		耘	김매다 운	耘穫(운확)	耒	6	10	1급
		芸	평지 운/재주 예	芸香(운향)	++	4	8	2급
	혼	魂	넋 혼	魂靈(혼령)	鬼	10	14	3급
		忶	번민하다 혼		忄	3	7	
佘	음	佘	그늘 음		人	2	8	

		淦	물 이름 음			氵	3	14
		膇	심병(心病) 음			肉	4	12
		瘖	심질 음		= 癊	疒	5	13
陰	음	陰	그늘 음	陰陽(음양)		阝	3	11	4급
		蔭	그늘 음	蔭官(음관)		++	4	15	1급
		廕	그늘 음			广	3	14
		癊	멍들다 음			疒	5	16
▶	운	雲	구름 운	雲橋(운교)		雨	8	12	5급
		澐	큰 물결 운	澐峴宮(운현궁)		氵	3	15	특급
		橒	나무 이름 운			木	4	16	특급
		蕓	평지 운	蕓薹(운대)		++	4	16	특급
曇	담	曇	흐리다 담	曇天(담천)		日	4	16	1급
		壜	항아리 담			土	3	19
		罎	항아리 담			缶	6	22
		黮	구름끼다 담			黑	12	28
藝	예	藝	재주·심다 예	(埶 재주 예)		土	3	15
		埶	심다 예 권세 세	勢와 동자		土	3	11

		坴	언덕 륙			土	3	8
		坴	버섯 록			土	3	5
		藝	재주 예	藝術(예술)	++	4	19	4급
		囈	잠꼬대 예			口	3	18
台	태	台	별 태/나·기뻐하다 이	台司(태사)	口	3	5	2급
		邰	나라 이름 태		ß	3	8	특급
		怠	게으르다 태	怠慢(태만)	心	4	9	3급
		胎	아이배다 태	胎兒(태아)	肉	4	9	2급
		殆	거의 태	危殆(위태)	歹	4	9	3급
		苔	이끼 태	蘚苔(선태)	++	4	9	1급
		迨	미치다 태	迨恨(태한)	辶	4	9	특급
		笞	볼기치다 태	笞刑(태형)	竹	6	11	1급
		跆	밟다 태	跆拳(태권)	足	7	12	1급
		颱	태풍 태	颱風(태풍)	風	9	14	2급
	대	坮	돈대 대		土	3	8	특급
	이	怡	기쁘다 이	怡顔(이안)	忄	3	8	2급
		詒	주다·보내다 이 속이다 태	詒託(이탁) 詒欺(태기)	言	7	12	특급
		貽	끼치다·주다 이	貽害(이해)	貝	7	12	특급
		飴	엿 이	餳飴(당이)	食	9	14	특급

	야	冶	풀무 야		冶金(야금)	冫	2	7	1급
▶	시	始	처음·비로소 시		始初(시초)	女	3	8	6급
		枲	모시풀 시		牡枲(모시)	木	4	9	특급
	치	治	다스리다 치		治療(치료)	氵	3	8	4급
		魑	악귀 치			鬼	10	15	
▶	창	窓	창 창		窓門(창문)	穴	5	11	6급
		窻	울타리 창			竹	6	17	
虽	수	虽	비록 수			虫	6	8	
		雖	비록 수			隹	8	16	
▶	강	強	강하다 강		強買(강매)	弓	3	11	6급

36. 又

又	우	又	또 우		又驚又喜(우경우희)	又	2	2	3급
		疚	질병 우			疒	5	7	
	노	奴	종 노		奴婢(노비)	女	3	5	3급
	쌍	双	한 쌍 쌍			又	2	4	
	현	臤	어질다 현/굳다 견			臣	6	8	
	잔	奿	후비다 잔			歺	5	7	

37. ㇆

㇆	내	㇆	이에 내		乃의 고자	乙	1	
	고	叹	팔다 고			夂	3	4
乃	내	乃	이에 내		乃至(내지)	丿	1	2	3급
		鼐	큰 솥 내			鼎	13	15	특급
	잉	孕	아이배다 잉		孕胎(잉태)	子	3	5	1급
	타	朶	꽃송이·늘어지다 타		萬朶(만타)	木	4	6	특급
	수	秀	빼어나다 수		秀麗(수려)	禾	5	7	4급
	전	雋	살찐 고기 전/영특하다 준	=儁	隹	8	10	
及	급	及	미치다 급		言及(언급)	又	2	4	3급
		伋	속이다 급			亻	2	6	특급
		岌	높다 급		岌嶪(급업)	山	3	7	특급
		汲	(물을)긷다 급	樵童汲婦(초동급부)	氵	3	7	1급
▶		級	등급 급	級數(급수) 等級(등급)	糸	6	10	6급
		扱	거두다 급		取扱(취급)	扌	3	7	1급
	읍	殁	위태롭다 읍			歹	4	8	
	흡	吸	마시다 흡		吸收(흡수)	口	3	7	4급

| 삽 | 鈒 | 새기다 삽 | | 鈒花(삽화) | 金 | 8 | 12 | 특급 |
| | 靸 | 신 삽 | | | 韋 | 9 | 13 | |

38. 𠂉

𠂉	기	𠂉	기운 기	气(기운 기)의 약자	气	4	2	
	오	午	낮·일곱째지지 오	午後(오후)	十	2	4	7급
	매	每	매양 매	每年(매년)	母	4	7	7급
	주	朱	붉다 주	朱脣白齒(주순백치)	木	4	6	4급

解) 𠂉는 人의 변형으로 간주될 수 있다. 旗(기)는 㫃(언)과 其(기)로 구성된다.

▶	실	失	잃다 실	失望(실망)	大	3	5	**6급**
	질	帙	책권차례 질	落帙(낙질)	巾	3	8	1급
		迭	갈마들다 질	更迭(경질)	辶	4	9	1급
		瓞	북치(그루갈이로 열린 작은 오이) 질		瓜	5	10	특급
		秩	차례 질	秩序(질서)	禾	5	10	3급
		跌	거꾸러지다 질	蹉跌(차질)	足	7	12	1급
	일	佚	편하다 일 흐리다·방탕 질	佚樂(일락) 佚蕩(질탕)	亻	2	7	1급
		泆	음탕하다·넘치다 일	泆陽(일양)	氵	3	8	특급

▶ 무	無	없다 무	= 无	無視(무시)	灬	4	12	5급
	廡	집·곁채 무		簷廡(첨무)	广	3	15	특급
	憮	어루만지다 무		懷憮(회무)	忄	3	15	1급
	撫	어루만지다 무		撫摩(무마)	扌	3	15	1급
	膴	포육·두텁다 무	華官膴職(화관무직)		肉	4	16	특급
	蕪	거칠다 무		蕪繁(무번)	++	4	16	1급
舞 무	舞	춤추다 무		舞踊(무용)	舛	6	14	4급
	儛	춤추다 무	儛天(무천) = 舞天(무천)		亻	2	16	특급
	潕	물이 마르다 무			氵	3	17	
	艨	긴 배 무			舟	6	22	

39. 厂

厂 예	厂	끌어당기다 예			ノ	1	2	
근	斤	도끼 근 (斤의 약자)			一	1	3	
후	后	임금·왕후 후		后宮(후궁)	口	3	6	2급
치	卮	술잔 치		玉卮(옥치)	己	3	7	
	巴	꼬리 파			己	3	4	

40. 乂

乂 오	乂	다섯 오		= 五	ノ	1	2	
	刈	베다 예	刈穫(예확)	刂	2	4	특급
애	艾	쑥 애	蘭艾(난애)	++	4	6	2급
살	杀	죽이다 살		木	4	6	
예	曳	끌다 예	曳引(예인)	曰	4	6	1급

41. 彐

彐 기	彐	몸 기	己의 약자로 간주	己	3	2	
거	巨	크다 거	巨大(거대)	工	3	5	4급
曰 인	曰	말미암다 인	因의 속자	口	3	5	
	咽	목구멍 인	咽의 속자	口	3	8	

42. 也

| 也 야 | 也 | 어조사 야
이것 이 | 也乎(야호)
池와 동자 | 乙 | 1 | 3 | 3급 |
| | 乜 | 사팔뜨기 먀 | | 乙 | 1 | 2 | |

		袘	흙탕물 야			ネ	4	7	
이	弛	늦추다 이 떨어지다 치	弛緩(이완)	弓	3	6	1급
	訑	으쓱거리다 이/속이다 타/방종하다 탄	訑訑(이이) 訑謾(타만)	言	7	10	특급
지	地	땅 지	地角(지각) 地殼(지각)	土	3	6	7급
	池	연못 지	天池(천지)	氵	3	6	3급
치	馳	달리다 치	馳心(치심)	馬	10	13	1급
▶ 타	他	남·다르다 타	他家(타가)	亻	2	5	**5급**

43. ナ

ナ	좌	ナ	왼쪽 좌		ノ	1	2	
▶	우	友	벗 우	友愛(우애)	又	2	4	5급
	존	孖	있다 존	= 存	子	3	5	
	우	右	오른쪽 우	友軍(우군)	口	3	5	7급
才	존	存	있다 존	= 孖 存在(존재)	子	3	6	4급
▶	재	在	있다 재	在學(재학)	土	3	6	**6급**
厷	굉	厷	팔뚝 굉		厶	2	4	
		宏	크다 굉	宏壯(굉장)	宀	3	7	1급
		肱	팔뚝 굉	股肱(고굉)	肉	4	8	1급

		紘	벼리·끈·넓다 굉	八紘(팔굉)	糸	6	10	특급
▶	웅	雄	수컷 웅	雄壯(웅장) 雌雄(자웅)	隹	8	12	5급
		鴡	숫새 웅		鳥	11	15	
尹	윤	尹	성씨 윤	官尹(관윤)	尸	3	4	2급
		胹	다스리다 윤		肉	4	8	
	이	伊	저것 이	伊太利(이태리)	亻	2	6	2급
		蛜	쥐며느리 이		虫	6	10	

解) 尹(윤)은 ㄱ과 ナ로 구성된다. 부수가 尸(시)로 되어 있는데, 여기에서 ㄱ은 己(기)의
약자인 ㄱ가 더 적합하다. 참고로 己(이)와 巳(사)를 참조.

君	군	君	임금 군	君臨(군림)	口	3	7	4급
▶		郡	고을 군	郡守(군수)	阝	3	10	6급
		窘	군색하다 군	窘塞(군색)	穴	5	12	1급
		裙	치마 군	紅裙(홍군)	衤	5	12	특급
		群	무리 군	群衆(군중)	羊	6	13	4급
焄	훈	焄	향내 훈	焄蒿悽愴(훈호처창)	灬	4	11	특급
		蕫	훈채 훈	葷菜(훈채)	++	4	15	

44. 九

九	구	九	아홉 구	九死一生(구사일생)	乙	1	2	8급
		仇	원수 구	仇恨(구한)	亻	2	4	1급
		究	연구하다 구	研究(연구)	穴	5	7	4급
丸	환	丸	알·둥글다 환	丸藥(환약)	丶	1	3	3급
		芄	왕골 환		++	4	7	특급
		紈	흰 비단 환	紈袴(환고)	糸	6	9	특급
		肒	부스럼 환		肉	4	7	
埶	예	埶	재주 예/형세 세		土	3	11	
		坴	언덕 륙		土	3	8	
		坴	버섯 록		土	3	5	
		蓺	심다 예		++	4	15	특급
	세	勢	세력 세	勢力(세력) 形勢(형세)	力	2	13	4급
		慹	모양 세		心	4	15	
▶	열	熱	덥다 열	熱風(열풍)	灬	4	15	5급
		爇	불을 지피다 열		火	4	15	
	설	暬	설만하다·무례하다 설	暬慢(설만)	日	4	15	특급

		褻	더럽다 설	猥褻(외설)	衣	6	17	특급
執	집	執	잡다 집	執權(집권)	土	3	11	3급
		幸	다행 행		干	3	8	
		𢀖	찌르다 임		干	3	5	
		㑇	잡다 집		亻	2	13	
		慹	두려워하다 집·움직이지 않다 접 慹伏(집복) 慹然(접연)		心	4	15	
	칩	縶	잡아매다 칩　牛維馬縶(우유마칩)		糸	6	17	특급
		蟄	숨다 칩	蟄居(칩거)	虫	6	17	1급
	지	摯	잡다 지	眞摯(진지)	手	4	15	1급
		贄	폐백(幣帛) 지	執贄(집지)	貝	7	18	특급
	점	墊	빠지다 점	隱墊(은점)	土	3	14	특급
		𡍬	기울다 점		土	3	14	

解) 幸(행)은 부수가 干이다. 執(집)은 부수가 土(토)로 되어 있고, 土(토), 𢀖(임), 丸(환)으로 구성된다. 부수가 상이하여 執(집)에서의 좌측문자는 幸(행)이라고 보기가 그러하다. 특이하다. 참고로 執(집)은 大(대), 𢀖(임), 丸(환)으로 구성된다. Youtube 참조

45. ソ

ソ	팔	ソ	여덟 팔		=八 八	2	2
	아	丫	가닥·가장귀 아		ㅣ	1	3

	초	屮	풀 초		++	4	3	
	임	羊	찌르다 임		干	3	5	
	발	癶	달리다 발		大	3	5	
屰	역	屰	거스르다 역		屮	3	6	
		逆	거슬리다 역	逆行(역행)	辶	4	10	4급
		哕	게우다 역		口	3	9	
		綌	인끈 역		糸	6	12	
朔	삭	朔	초하루 삭	朔望(삭망)	月	4	10	3급
		嗍	빨아들이다 삭		口	3	13	
	소	塑	흙빚다 소	塑造(소조)	土	3	13	1급
		溯	거슬러 올라가다 소	溯行(소행)	氵	3	13	특급
		愬	하소연하다 소 두려워하다 색	告愬(고소)	心	4	14	특급
		遡	거스르다 소	遡及(소급)	辶	4	14	1급

46. マ

| マ | 모 | マ | 창 모 | 矛의 약자 | 矛 | 5 | 2 | |
| 予 | 여 | 予 | 주다·나 여 | 予奪(여탈) | 亅 | 1 | 4 | 3급 |

예	預	맡기다·미리 예	預金(예금)	頁	9	13	2급
	豫	미리 예	豫定(예정)	豕	7	16	4급
	象	코끼리 상		豕	7	12	
▶ 서	序	차례 서	序列(서열)	广	3	7	5급
	抒	푸다·퍼내다 서	抒情(서정)	扌	3	7	1급
	紓	느슨하다 서	紓力(서력)	糸	6	10	특급
	舒	펴다 서	舒卷(서권)	舌	6	12	2급
	舍	집 사		舌	6	8	
저	杼	북(織具) 저	杼柚(저축)	木	4	8	특급
▶ 야	野	들판 야	野菜(야채)	里	7	11	6급
	蠻	벌레 야		虫	6	17	
서	墅	농막 서	田墅(전서)	土	3	14	특급
	焫	들불 서		火	4	15	
甬 용	甬	길·휘·섬 용	甬路(용로)	用	5	7	특급
	俑	허수아비 용		亻	2	9	특급
	埇	길돋우다 용		土	3	10	특급
	踊	뛰다 용	舞踊(무용)	足	7	14	1급
통	桶	통 통	浴桶(욕통)	木	4	11	1급

▶		通	통하다 통	通過(통과)	辶	4	11	6급
		痛	아프다 통	痛症(통증)	疒	5	12	4급
	송	誦	외다 송	誦讀(송독)	言	7	14	3급
	종	鏞	종/쇠북 종		金	8	15	
涌	용	涌	물솟다 용	涌溢(용일)	氵	3	10	1급
		慫	권하다 용	慫慂(종용)	心	4	14	특급
▶	용	勇	날래다 용	勇敢(용감)	力	2	9	6급
		甬	길·휘·섬 용	甬路(용로)	用	5	7	특급
		男	사내 남		田	5	7	
		湧	물이 솟다(涌) 용	湧出(용출)	氵	3	12	특급
		踴	뛰다 용		𧾷	7	16	특급
		慂	성내다 용		忄	3	12	

47. 勹

勹	포	勹	싸다 포(勹) 또는 刀(도)라고도 봄		刀	2	2	
	부	負	짊어지다 부	負債(부채)	貝	7	9	4급
	만	万	일만(萬) 만 성씨 묵	萬의 속자	一	1	3	특급

▶ 성	成	이루다 성	成功(성공)	戈	4	6	6급
	城	재·성(城) 성	城郭(성곽)	土	3	10	4급
	娍	아름답다 성		女	3	10	특급
	宬	서고(書庫) 성		宀	3	10	특급
	晟	밝다 성	晟化(성화)	日	4	11	2급
	珹	옥 이름 성		王	4	11	특급
	盛	성하다 성	茂盛(무성)	皿	5	12	4급
	筬	바디·베틀 성	筬匠(성장)	竹	6	13	특급
	誠	정성 성	精誠(정성)	言	7	14	4급

48. 口

口	구	口	입 구	口號(구호)	口	3	3	7급
		扣	두드리다 구	打扣(타구)	扌	3	6	특급
	명	鳴	울다 명	悲鳴(비명)	鳥	11	14	4급
	경	冋	들판 경		冂	2	5	
	행	杏	살구 행	杏花(행화)	木	4	7	2급
▶	가	加	더하다 가	加入(가입)	力	2	5	5급
		伽	절 가	伽藍(가람)	亻	2	7	2급
		架	시렁 가	架橋(가교)	木	4	9	3급
		枷	칼·도리깨 가	枷鎖(가쇄)	木	4	9	특급
		珈	머리꾸미개 가		王	4	9	특급
		迦	부처 이름 가	釋迦(석가)	辶	4	9	2급
		哿	가하다 가	(可 옳다 가)	口	3	10	특급
		痂	딱지·옴 가	落痂(낙가)	疒	5	10	특급
		袈	가사(袈裟) 가	錦袈(금가)	衣	6	11	1급
		跏	책상다리하다 가	跏趺坐(가부좌)	𧾷	7	12	특급
		駕	멍에 가	凌駕(능가)	馬	10	15	1급
	갈	嘎	땅 이름 갈		乙	1	6	특급

- 65 -

	하	賀	하례하다 하	賀禮(하례)	貝	7	12	3급
茄	가	茄	연줄기·가지 가	茄性(가성)	++	4	9	특급
		嘉	아름답다 가	嘉禮(가례)	口	3	14	1급
▶		吉	길하다 길		口	3	6	5급
冋	경	冋	들판 경		冂	2	5	
		坰	들판 경	坰場(경장)	土	3	8	특급
		絅	끌어 죄다·홑옷 경	絅衣(경의)	糸	6	11	특급
		駉	살지다·굳세다 경		馬	10	15	특급
	형	泂	멀다·깊다 형		氵	3	8	특급
		炯	빛나다 형	炯眼(형안)	火	4	9	2급
喬	교	喬	높다 교	喬木(교목)	口	3	12	1급
		呑	삼키다 탄		口	3	7	
		僑	더부살이 교	僑胞(교포)	亻	2	14	2급
		嬌	아리땁다 교	嬌言(교언)	女	3	15	1급
		嶠	산길 교	高嶠(고교)	山	3	15	특급
		敽	매다 교		攴	4	16	특급
		蕎	메밀 교	蕎麪(교면)	++	4	16	특급
		矯	바로잡다 교	矯正(교정)	矢	5	17	3급

		轎	가마 교	駕轎(가교)	車	7	19	1급
		驕	교만하다 교	驕慢(교만)	馬	10	22	1급
		鷸	꿩 교		鳥	11	23	특급
▶		橋	다리 교 세다 고	橋脚(교각) 橋起(고기)	木	4	16	5급
		蹻	발돋움하다 교 짚신 갹	蹻捷(교첩) 蹻趹(갹결)	足	7	19	특급
占	점	占	점치다·차지하다 점	占卦(점괘)	卜	2	5	4급
		坫	경계(境界)·잔대 점	祝坫(축점)	土	3	8	특급
		岾	절 이름 점/고개 재		山	3	8	특급
▶		店	가게 점	店鋪(점포)	广	3	8	5급
		点	점(點) 점		灬	4	9	특급
		玷	이지러지다·옥티 점	玷瑕(점예)	王	4	9	특급
		粘	붙다 점	粘膜(점막)	米	6	11	1급
		鮎	메기 점	鮎魚(점어)	魚	11	16	특급
		點	점 점	焦點(초점)	黑	12	17	4급
		覘	엿보다 점/첨	覘伺(점사) 覘望(첨망)	見	7	12	특급
	섬	炶	번쩍거리다·불꽃 섬		火	4	9	
		痁	학질 섬		疒	5	10	
	첨	敁	헤아리다 첨		攴	4	9	
	참	站	역마을 참	驛站(역참)	立	5	10	1급

첩	帖	문서 첩	手帖(수첩)	巾	3	8	1급
	貼	붙이다 첩	貼付(첩부)	貝	7	12	1급
침	砧	다듬잇돌 침	砧骨(침골)	石	5	10	1급
념	拈	집다 념 (무게를)달다 점	拈古(염고)	扌	3	8	특급
▶ 지	知	알다 지	知識(지식)	矢	5	8	5급
	智	슬기 지	智慧(지혜)	日	4	12	4급
	蜘	거미 지	蜘網(지망)	虫	6	14	특급
	踟	머뭇거리다 지	踟躕(지주)	趼	7	15	특급
치	痴	어리석다 치	痴呆(치매)	疒	5	13	특급
	彳	걸어가다 치		彳	3	11	
▶ 품	品	물건 품	品目(품목) 品質(품질)	口	3	9	5급
	吅	부르짖다 훤		口	3	6	
	榀	외가지·집뼈대 품		木	4	13	
암	嵒	바위 암		石	5	14	
	癌	암 암		疒	5	14	
▶ 구	區	지경·나누다 구 숨기다 우	區間(구간) 區脫(우탈)	匸	2	11	6급
	嘔	게우다 구	嘔逆(구역)	口	3	14	1급
	嫗	할미 구	老嫗能解(노구능해)	女	3	14	특급

		嶇	험하다·가파르다 구	崎嶇(기구)	山	3	14	1급
		漚	담그다·갈매기 구	漚鬱(구울)	氵	3	14	특급
		歐	구라파·치다 구	西歐(서구)	欠	4	15	2급
		毆	때리다 구	毆打(구타)	殳	4	15	1급
		謳	노래 구	謳歌(구가)	言	7	18	1급
		軀	몸 구	體軀(체구)	身	7	18	1급
		驅	몰다 구	驅使(구사)	馬	10	21	3급
		鷗	갈매기 구	白鷗(백구)	鳥	11	22	2급
	추	樞	지도리(돌쩌귀) 추	中樞(중추)	木	4	15	1급
	어	饇	배부르다 어		食	9	20	특급
串	관	串	익다 관/꿰다 천/땅 이름 곶/꼬치 찬 串柹(관시) 串子(천자)		l	1	7	2급
		賯	돈꾼 관		貝	7	14	
▶	환	患	근심 환 (呂 법칙 려)	患者(환자)	心	4	11	5급
		栭	무환자나무 환		木	4	11	
▶	경	京	서울·언덕 경	京都(경도)	亠	2	8	6급
		倞	굳세다 경		亻	2	10	특급
		勍	굳세다 경	勍敵(경적)	力	2	10	특급
		鯨	고래 경	捕鯨(포경)	魚	11	19	1급

	黥	자자(刺字)하다 경	黥刑(경형)	黑	12	20	특급
량	涼	서늘하다 량	納涼(납량)	冫	2	10	특급
	凉	서늘하다 량	溫涼(온량)	冫	3	11	3급
	諒	살펴알다·믿다 량	諒解(양해)	言	7	15	3급
략	掠	노략질하다 략/량	掠奪(약탈)	扌	3	11	3급
	蜋	하루살이 략		虫	6	14	
▶ 경	景	볕 경	景致(경치)	日	4	12	**5급**
	憬	깨달다·그리워하다 경	憧憬(동경)	忄	3	15	1급
	暻	볕 경·그림자 영		日	4	16	특급
	璟	옥빛 경		王	4	16	2급
영	影	그림자 영	影響(영향)	彡	3	15	3급
	饓	배부르다 영		食	9	21	

49. 囗

囗 국	囗	나라 국/에워싸다 위		囗	3	3	4급
回 회	回	돌아오다 회	回顧(회고)	囗	3	6	4급
	徊	머뭇거리다 회	徘徊(배회)	彳	3	9	1급

		洄	거슬러 흐르다 회	遡洄(소회)	氵	3	9	특급
		廻	돌다(旋) 회	巡廻(순회)	廴	3	9	2급
		茴	회향 회	茴香(회향)	++	4	10	특급
		蛔	회충 회	蛔蟲(회충)	虫	6	12	1급
㐭	름	㐭	곳집 름		亠	2	8	
		㢏	쌀광 름		广	3	11	
啚	비	啚	더럽다 비/그림 도		口	3	11	
		鄙	더럽다·마을 비	鄙淺(비천)	阝	3	14	1급
▶	도	圖	그림 도	圖面(도면)	囗	3	14	6급

50. 土

土	토	土	흙 토	土曜日(토요일)	土	3	3	8급
		吐	토하다·게우다 토	吐露(토로)	口	3	6	3급
	두	杜	막다·뿌리 두	杜絶(두절)	木	4	7	2급
	모	牡	수컷 모	牡牛(모우)	牛	4	7	1급
▶	사	社	모이다 사	社會(사회)	示	5	8	6급
寺	시	寺	내시·모시다·관청 시 **절·마을 사**	寺人(시인) 寺院(사원)	寸	3	6	4급

		侍	모시다·부리다 시	侍女(시녀)	亻	2	8	3급
		恃	믿다 시	恃賴(시뢰)	忄	3	9	특급
		詩	시 시	詩經(시경)	言	7	13	4급
	지	持	가지다 지	持參(지참)	扌	3	9	4급
	치	峙	언덕 치	對峙(대치)	山	3	9	2급
		庤	쌓다·갖추다 치		广	3	9	특급
		痔	치질 치	痔疾(치질)	疒	5	11	1급
▶	대	待	기다리다 대	待命(대명)	彳	3	9	6급
▶	등	等	무리 등	等級(등급)	竹	6	12	6급
▶	특	特	특별(特別)하다 특	特殊(특수)	牛	4	10	6급

圭	규	圭	홀·모서리 규	圭璋(규장)	土	3	6	2급
		刲	찌르다·베다 규	刲割(규할)	刂	2	8	특급
		奎	별 규	奎章(규장)	大	3	9	2급
	괘	卦	점괘 괘	卦兆(괘조)	卜	2	8	1급
	봉	封	봉하다 봉	封鎖(봉쇄)	寸	3	9	3급
	와	洼	웅덩이 와	洼水(와수)	氵	3	9	

51. 士

▶	사	士	선비 사	士大夫(사대부)	士	3	3	5급
▶		仕	벼슬·섬기다 사	仕官(사관)	亻	2	5	5급
▶	매	賣	팔다 매	賣却(매각)	貝	7	15	5급
		買	사다 매		貝	7	12	
		䚕	때가 끼다 매		羊	6	21	
	독	匵	궤(櫃) 독		匸	2	17	특급
		瀆	도랑·더럽히다 독/구멍 두	瀆職(독직) 溝瀆(구독)	氵	3	18	1급
		櫝	함·궤 독	櫃櫝(궤독)	木	4	19	특급
		牘	편지 독	書牘(서독)	片	4	19	특급
		犢	송아지 독	舐犢之愛(지독지애)	牛	4	19	특급
▶		讀	읽다 독 구절·구두 두	讀書(독서) 句讀(구두)	言	7	22	6급
		黷	더럽히다 독	黷貨(독화)	黑	12	27	특급
	속	蕒	쇠귀나물·택사(澤瀉) 속		++	4	19	특급
		續	잇다 속	續出(속출)	糸	6	21	4급
		贖	속죄하다 속	贖罪(속죄)	貝	7	22	1급
	두	竇	구멍 두	隱竇(은두)	穴	5	20	특급
	적	覿	보다 적	覿匿(적닉)	見	7	22	특급

| 醜 | 추하다 적 | | 鬼 | 10 | 25 | |

52. 夂

夂 夂	夂	뒤져오다 치		夂	3	3	
	致	이르다 치	致의 고자	至	6	9	
동	冬	겨울 동	冬寒(동한)	冫	2	5	7급
▶ 각	各	각각 각	各個(각개)	口	3	6	6급
	恪	삼가다 각	精勵恪勤(정려각근)	忄	3	9	1급
	閣	집 각	空中樓閣(공중누각)	門	8	14	3급
락	烙	지지다 락	烙印(낙인)	火	4	10	1급
	珞	구슬 락	瓔珞(영락)	王	4	10	특급
	絡	잇다 · 얽다 락	連絡(연락)	糸	6	12	3급
	酪	쇠젖 락	酪農(낙농)	酉	7	13	1급
	雒	수리부엉이 락		佳	8	14	특급
	駱	낙타 락	駱駝(낙타)	馬	10	16	1급
▶ 격	格	격식 격	格式(격식)	木	4	10	5급
액	額	이마 액		頁	9	15	특급
맥	貉	오랑캐 맥/담비 학	貉子(학자)	豸	7	13	특급

	뢰	賂	뇌물 뢰	賂物(뇌물)	貝	7	13	1급
▶	객	客	손 객	客室(객실)	宀	3	9	5급
		喀	토하다 객	喀血(객혈)	口	3	12	특급
	액	額	이마 액	額數(액수)	頁	9	18	4급
		峉	가파르다 액		山	3	12	
洛	락	洛	물 이름 락	洛陽(낙양)	氵	3	9	2급
▶		落	떨어지다 락	落葉(낙엽)	++	4	13	5급
		箈	울타리 락		竹	6	15	
▶	로	路	길 로	路線(노선)	足	7	13	6급
		潞	물 이름 로		氵	3	16	특급
		露	이슬·드러나다 로 白露(백로)	露出(노출)	雨	8	21	3급
		鷺	해오라기·백로 로	白鷺(백로)	鳥	11	24	2급

53. 夊

夊	쇠	夊	천천히 걷다 쇠		夊	3	3	
	애	爱	사랑하다 애	愛(애)	心	4	7	

54. 夕

夕	석	夕	저녁 석	夕刊(석간)	夕	3	3	7급
		汐	조수(潮水) 석	汐水(석수)	氵	3	6	특급
	손	飧	저녁밥 손	加飧(가손)	食	9	12	특급
▶	다	多	많다 다	多事多忙(다사다망)	夕	3	6	6급
		爹	아버지 다		父	4	10	특급
	이	移	옮기다 이	移動(이동)	禾	5	11	4급
		迻	옮기다 이		辶	4	10	
	치	侈	사치하다 치	奢侈(사치)	亻	2	8	1급
		哆	입 벌리다 치 입술 처지다 차	哆然(치연)	口	3	9	특급

55. 大

大	대	大	크다 대	大家(대가)	大	3	3	8급
		吠	맛보다 대		口	3	6	
	천	奰	옮기다 천		襾	6	9	
	체	杕	홀로 서 있다 체/키 타		木	4	7	특급
	첨	尖	뾰족하다 첨	尖端(첨단)	小	3	6	3급

	연	耎	가냘프다 연		耎角(연각)	而	6	9	
▶	인	因	인하다 인	因果(인과)	因緣(인연)	囗	3	6	5급
		咽	목구멍 인 삼키다 연 목메다 열		咽喉(인후) 咽下(연하) 咽塞(열색)	口	3	9	1급
		姻	혼인 인		婚姻(혼인)	女	3	9	3급
		茵	자리·사철쑥 인		茵蓐(인욕)	++	4	10	특급
		絪	기운·요 인		絪縕(인온)	糸	6	12	특급
		駰	오총(烏驄)이 인			馬	10	16	특급
	연	烟	연기(煙氣) 연		無烟炭(무연탄)	火	4	10	특급
	은	恩	은혜 은		恩惠(은혜)	心	4	10	4급
▶	미	美	아름답다 미		美國(미국)	羊	6	9	6급
		渼	물놀이 미			氵	3	12	특급
		媄	아름답다 미			女	3	12	
		躾	(예절을) 가르치다 미			身	7	16	

56. 女

女	녀	女	계집 녀		女丈夫(여장부)	女	3	3	8급
	여	汝	너 여		汝等(여등)	氵	3	6	3급

	호	好	좋다 호	好事多魔(호사다마)	女	3	6	4급
	안	安	편안 안	安全(안전)	宀	3	6	7급
▶	요	要	요긴하다 요	要緊(요긴)	襾	6	9	5급
		喓	벌레소리 요		口	3	12	특급
		腰	허리 요	腰痛(요통)	肉	4	13	3급
		蔘	아기풀·강아지풀 요		++	4	13	특급

57. 子

子	자	子	아들 자	子息(자식)	子	3	3	7급
		仔	자세하다 자	仔細(자세)	亻	2	5	1급
		字	글자 자	字母(자모)	子	3	6	7급
		耔	북돋우다 자	耘耔(운자)	耒	6	9	특급
▶	리	李	오얏·성씨 리	瓜田李下(과전이하)	木	4	7	6급

58. 宀

| 宀 | 면 | 宀 | 집 면 | | 宀 | 3 | 3 | |
| | 재 | 灾 | 재앙 재 | 罹灾民(이재민) | 火 | 4 | 7 | 특급 |

	뢰	牢	우리 뢰	牢獄(뇌옥)	牛	4	7	1급
▶	향	向	향하다 향	向上(향상)	口	3	6	6급
		珦	옥구슬 향		王	4	10	특급
		餉	먹이다·양식 향	糧餉(양향)	食	9	15	특급
		蛕	번데기 향		虫	6	12	
	형	逈	멀다 형	逈遠(형원)	辶	4	9	특급

59. 小

	小 소	小	작다 소	積小成大(적소성대)	小	3	3	8급
		芯	약초이름 소		++	4	7	
	재	齋	재계하다·집 재	書齋(서재)	齊	14	17	1급
▶	광	光	빛 광	光線(광선)	儿	2	6	6급
		兀	우뚝하다 올		儿	2	3	
		侊	성하다 광	侊飯(광반)	亻	2	8	특급
		洸	성내다 광 깊다 황	洸洸(광광) 洸洋(황양)	氵	3	9	특급
		胱	오줌통 광	膀胱(방광)	肉	4	10	1급
		桄	광랑나무 광	桄榔(광랑)	木	4	10	특급
		珖	옥피리 광		王	4	10	특급

황	恍	황홀하다 황	恍惚(황홀)	忄	3	9	1급
	晄	밝다 황		日	4	10	특급
굉	觥	뿔잔 굉	角觥(각굉)	角	7	13	특급
휘	輝	빛나다 휘	輝煌(휘황)	車	7	15	3급
	軍	군사 군		車	7	9	
요	耀	빛나다 요	光耀(광요)	羽	6	20	2급
	翟	꿩 적		羽	6	14	
晃 황	晃	밝다 황	晃然(황연)	日	4	10	2급
	幌	휘장 황	文幌(문황)	巾	3	13	특급
	愰	들뜨다 황	愰懩(황양)	忄	3	13	특급
	滉	깊다 황	滉朗(황랑)	氵	3	13	2급
	榥	책상 황		木	4	14	특급
肖 초	肖	닮다·같다 초	肖像(초상)	肉	4	7	3급
	哨	망보다 초	哨所(초소)	口	3	10	2급
	梢	나무끝 초	末梢(말초)	木	4	11	1급
	悄	근심하다 초	悄愴(초창)	忄	3	10	특급
	硝	화약 초	硝酸(초산)	石	5	12	1급
	稍	점점 초	稍饒(초요)	禾	5	12	1급

		誚	꾸짖다 초	誚責(초책)	言	7	14	특급
		鞘	칼집 초		革	9	16	
	소	宵	밤(夜) 소	晝宵(주소)	宀	3	10	1급
▶		消	사라지다 소	消失(소실)	氵	3	10	6급
		逍	노닐다 소	逍遙(소요)	辶	4	11	1급
		蛸	갈거미 소	蠨蛸(소소)	虫	6	13	특급
		銷	녹이다·쇠하다 소 意氣銷沈(의기소침)		金	8	15	특급
		霄	하늘 소	霄壤之差(소양지차)	雨	8	15	특급
	조	趙	나라 조		走	7	14	2급
削	삭	削	깎다 삭	削減(삭감)	刂	2	9	3급
		揱	날씬하다 삭		手	4	13	
	소	萷	우거지다 소		⺿	4		
	초	綃	생사(生絲) 초/건(巾) 소		糸	6	15	

60. 尢

尢	왕	尢	절름발이 왕		尢	3	3
		尢	절름발이 왕		尢	3	3

61. 尸

尸	시	尸	주검 시		尸親(시친)	尸	3	3	특급
		鳲	뻐꾸기 시		鳲鳩(시구)	鳥	11	14	특급

62. 巛

巛	천	巛	개미허리·내 천			巛	3	3	
▶	재	災	재앙 재		災殃(재앙)	火	4	7	5급
充	류	充	깃발 류			亠	2	7	
		㐬	신에 창을 대다 장			厶	2	5	
▶		流	흐르다 류		流通(유통)	氵	3	10	5급
		琉	유리 류		琉璃(유리)	王	4	11	1급
		硫	유황 류		硫黃(유황)	石	5	12	2급
		旒	깃발 류		冕旒冠(면류관)	方	4	13	특급
	육	毓	기르다 육 (每 매양 매)	毓秀(육수)	毋	4	14	특급
		每	매양 매			毋	4	6	
	소	梳	얼레빗 소		梳櫛(소즐)	木	4	11	1급
	해	醢	육장(肉醬)·젓갈 해			酉	7	14	

| 醢 | 혜 | 醢 | 식혜(食醢) 혜   酒果脯醢(주과포혜) | 酉 | 7 | 19 | 1급 |
| | | 槥 | 나무이름 혜 | = 橞 | 木 | 4 | 16 | |

| 疏 | 소 | 疏 | 트이다 소   疏通(소통) 疏忽(소홀) | 疋 | 5 | 12 | 3급 |
| | | 蔬 | 나물 소 | 菜蔬(채소) | ++ | 4 | 16 | 3급 |

63. 工

工	공	工	장인 공	工夫(공부)	工	3	3	7급
▶		功	공적·보람 공	功德(공덕)	力	2	5	6급
		貢	바치다 공	貢獻(공헌)	貝	7	10	3급
	홍	汞	수은(水銀) 홍	雷汞(뇌홍)	水	4	7	특급
		紅	붉다 홍	紅茶(홍차)	糸	6	9	4급
		虹	무지개 홍	虹霓(홍예)	虫	6	9	1급
▶	식	式	법 식	形式(형식)	弋	3	6	6급
		拭	씻다·닦다 식	掃拭(소식) 拂拭(불식)	扌	3	9	1급
		栻	점판 식		木	4	10	특급
		軾	수레앞턱가로나무 식		車	7	13	2급
	시	試	시험 시	試驗(시험)	言	7	13	4급

64. 幺

幺	요	幺	작다·어리다 요	幺船(요선)	幺	3	3	
		吆	애통해하다 요		口	3	6	
		囡	그림자 요		口	3	6	
		聇	귀가 울다 요		耳	6	9	
絲	유	絲	미세하다 유; 이 자		幺	3	6	
		坐	그윽하다 유		土	3	9	
	자	孳	새끼를 치다 자		子			
		滋	불다 자		氵			
茲	자	茲	불다·이것 자		++	4	10	특급
		滋	불다 자	滋養(자양)	氵	3	12	2급
		孳	새끼치다 자	孳育(자육)	子	3	13	특급
		慈	사랑 자	慈悲(자비)	心	4	13	3급
		磁	자석 자	磁石(자석)	石	5	14	2급
		鎡	호미 자	鎡基(자기)	金	8	18	특급
▶	락	樂	즐기다 락/노래 악 좋아하다 요	樂觀(낙관) 樂山樂水(요산요수)	木	4	15	6급
		柏	나무이름 백		木	4	9	

	㦡	즐기다 락		忄	3	18	
력	櫟	떡갈나무 력	櫟木(역목)	木	4	19	특급
	礫	조약돌 력	沙礫(사력)	石	5	20	1급
	轢	치다·삐걱거리다 력	軋轢(알력)	車	7	22	특급
▶ 약	藥	약 약	藥局(약국)	艹	4	19	6급
	纅	색(色)실 약		糸	6	21	
삭	鑠	녹이다 삭	衆口鑠金(중구삭금)	金	8	23	특급

65. 弋

弋 익	弋	주살 익	弋利(익리)	弋	3	3	특급
	妡	궁녀 익		女	3	6	
연	鳶	솔개 연	鳶目兔耳(연목토이)	鳥	11	14	1급
▶ 대	代	대신하다·바꾸다 대	代身(대신)	亻	2	5	6급
	垈	집터 대	垈地(대지)	土	3	8	2급
	岱	산 이름 대	遊岱(유대)	山	3	8	특급
	玳	바다거북이·대모(玳瑁) 대		王	4	9	특급
	袋	자루 대	包袋(포대)	衣	6	11	1급
	貸	빌리다·꾸다 대	貸出(대출)	貝	7	12	3급

	黛	눈썹그리다 대	黛黑(대흑)	黑	12	17	특급
求 구	求	구하다(索) 구	要求(요구)	水	5	7	4급
	俅	공순(恭遜)하다 구	俅弊(구폐)	亻	2	9	특급
	捄	퍼담다 구	捄弊生弊(구폐생폐)	扌	3	10	특급
▶	救	구원(救援)하다·건지다 구 救濟(구제)		攵	4	11	5급
	毬	공·제기 구	擊毬(격구)	毛	4	11	특급
▶	球	공 구	地球(지구)	王	4	11	6급
	逑	짝·모으다 구		辶	4	11	특급
	絿	급하다·어리다 구		糸	6	13	특급
	裘	갖옷 구	狐白裘(호백구)	衣	6	13	특급
	觩	뿔이 굽다·느슨하다 구.		角	7	14	특급
	銶	끌 구		金	8	15	특급

66. 弓

弓 궁	弓	활 궁	弓矢(궁시)	弓	3	3	3급
	芎	궁궁(芎藭)이 궁	川芎菜(천궁채)	++	4	7	특급
	穹	하늘 궁	穹蒼(궁창)	穴	5	8	1급
癹 발	癹	짓밟다 발		癶	5	9	

		墢	갈다 발		土	3	12	
▶	발	發	피다·쏘다 발	發表(발표)	癶	5	12	6급
		撥	다스리다 발 撥憫(발민)	反撥(반발)	扌	3	15	1급
		潑	(물을)뿌리다 발	潑剌(발랄)	氵	3	15	1급
		醱	(술을)괴다·빚다 발	醱酵(발효)	酉	7	19	1급
	폐	廢	폐하다·버리다 폐	廢棄(폐기)	广	3	15	3급
		癈	폐질(廢疾) 폐		疒	5	17	

67. ㅋ

ㅋ	계	ㅋ	돼지머리 계		ㅋ	3	3	
		彑	돼지머리 계		ㅋ	3	3	
		⺕	돼지머리 계		ㅋ	3	3	
▶	설	雪	눈 설	白雪(백설)	雨	8	11	6급
芻	추	芻	꼴·짚 추		刀	2	5	
		偢	영리하다 추		亻	2	7	
▶	급	急	급하다 급	急激(급격)	心	4	9	6급
		蒏	넓은 잎 딱총나무 급		⺿	4	13	

		魖	귀신 이름 급			鬼	10	19
		鷈	새 이름 급			鳥	11	20

68. 彡

彡	삼	彡	터럭 삼 성씨 섬	彡彡(삼삼) 彡姐(섬저)	彡	3	3	
		杉	삼나무 삼	杉松(삼송)	木	4	7	특급
		衫	적삼 삼	赤衫(적삼)	衤	5	8	특급
	섬	沴	물결모양 섬		氵	3	6	
		貢	성씨 섬		貝	7	10	
参	진	参	숱이 많고 검다 진		人	2	5	
		殄	다하다·끊다 진	殄戮(진륙)	歹	4	9	특급
		珍	보배 진	珍貴(진귀)	王	4	9	4급
		畛	두둑 진	畛域(진역)	田	5	10	특급
		疹	마마 진	濕疹(습진)	广	5	10	1급
		袗	홑옷·소놓은 옷 진	袗衣(진의)	衤	5	10	특급
		紾	비틀다 진	紾戾(진려)	糸	6	11	특급
		診	진찰(診察)하다 진	診察(진찰)	言	7	12	2급
		軫	수레뒤턱나무 진	軫慮(진려)	車	7	12	특급

	참	參	섞이다·참여하다 참 석 삼	參與(참여) 三과 통용	厶	2	11	5급
		厽	담을 쌓다 루/참여하다 참		厶	2	6	
		慘	참혹하다 참	慘酷(참혹)	忄	3	14	3급
	삼	滲	스미다 삼	滲透(삼투)	氵	3	14	1급
		蔘	인삼(人蔘) 삼	紅蔘(홍삼)	++	4	15	2급

69. 卄

卄	입	卄	스물(卄) 입 (丌 받침대 기)		一	1	4	특급
		廿	스물(卄) 입		廾	3	4	
		卅	음 미상		一	1	5	

▶	공	共	함께·한가지 공	共同(공동)	八	2	6	6급
		供	이바지하다·받들다 공	供給(공급)	亻	2	8	3급
		拱	팔짱끼다 공	拱手(공수)	扌	3	9	1급
		恭	공손하다 공	恭遜(공손)	忄	4	10	3급
		珙	옥(玉) 공	珙璧(공벽)	王	4	10	특급
	홍	哄	떠들썩하다·속이다 홍	哄動(홍동)	口	3	9	1급
		洪	넓다 홍	洪水(홍수)	氵	3	9	3급
巽	손	巽	부드럽다 손	巽卦(손괘)	己	3	12	특급

	噀	(입에서) 뿜어내다 손		口	3	15	
	潠	뿜다 손		氵	3	15	
	膞	진한 고깃국 손		肉	4	16	
선	僎	갖추다 선 준작(準酌) 준	僎賓(준빈)	亻	2	14	특급
▶	選	가리다 선 부드럽다 손 巽과 통용	選擧(선거) 選懦(손유)	辶	4	16	5급
찬	撰	짓다·적다 찬	撰述(찬술)	扌	3	15	1급
	饌	반찬 찬	飯饌(반찬)	食	9	21	1급
▶ 전	典	법 전	典範(전범)	八	2	8	5급
	腆	두텁다 전	腆厚(전후)	肉	4	12	특급
	琠	옥 이름·귀막이 전		王	4	12	특급
	悛	부끄러워하다 전		忄	3	11	

70. 廿

廿 입	廿	스물(廿) 입		十	2	4
광	炗	빛 광	= 炗	火	4	8
화	枈	가래 화	= 鏵(화)	木	4	8

解) 廿(입)에 대한 부수는 사전마다 廾로 또는 十로 다르게 제시된다.

▶	도	度	법도 도 헤아리다 탁	度量(도량) 度計(탁계)	广	3	9	6급
		渡	건너다 도	渡河(도하)	氵	3	12	3급
		鍍	도금하다 도	鍍金(도금)	金	8	17	1급
	탁	忱	헤아리다 탁		忄	3	12	
		諑	속이다 탁		言	7	16	
▶	석	席	자리 석	參席(참석)	巾	3	10	6급
		蓆	크다 석	蓆藁(석고)	++	4	14	특급

71. 亡

▶	망	亡	잃다·망하다 망	亡失(망실)	亠	2	3	5급
		妄	망령(妄靈)되다 망	妄言(망언)	女	3	6	3급
		忙	바쁘다 망	忙中閑(망중한)	忄	3	6	3급
		邙	북망산 망	北邙山(북망산)	阝	3	6	특급
		忘	잊다 망	忘却(망각)	心	4	7	3급
		芒	까끄라기 망	芒種(망종)	++	4	7	1급
	맹	氓	백성 맹	村氓(촌맹)	氏	4	8	특급
		民	백성 민		氏	4	5	
		盲	소경·눈멀다 맹	盲人(맹인)	目	5	8	3급

沁 망	沁	황급하다 망	沁若(망약)	氵	3	6	
	茫	아득하다·멍하다 망 황홀하다 황	茫然(망연) 茫惚(황홀)	++	4	10	3급
罔 망	罔	그물·없다 망	罔測(망측)	罒	5	8	3급
	惘	멍하다 망	惘惘(민망)	忄	3	11	1급
	網	그물 망	網羅(망라)	糸	6	14	2급
	輞	바퀴 테 망	輞幰(망헌)	車	7	15	특급
巟 황	巟	망하다 황	巟(황)	巛	3	6	
	帍	염색공 황		巾	3	9	
	䀮	희미하다 황		目	5	11	
荒 황	荒	거칠다 황	荒唐(황당)	++	4	10	3급
	慌	어리둥절하다 황	恐慌(공황)	忄	3	13	1급
	朧	어슴푸레하다 황		月	4	14	
	膸	난황(卵黃) 황		肉	4	14	

72. 幸

| 幸 거 | 舉 | 들다 거 | = 擧 | 文 | 4 | 7 |
| 격 | 击 | 부딪치다 격 | = 擊 | 凵 | 2 | 6 |

	봉	奉	받들다 봉	奉仕(봉사)	奉事(봉사)	大	3	8	5급
▶	봉	奉	받들다 봉	奉仕(봉사)	奉事(봉사)	大	3	8	5급
		俸	녹봉(祿俸) 봉		俸給(봉급)	亻	2	10	2급
		哞	껄껄 웃다·큰 소리 봉		哞誦(봉송)	口	3	11	특급
		捧	받들다 봉		捧納(봉납)	扌	3	11	1급
		棒	막대 봉	棒狀(봉상)	綿棒(면봉)	木	4	12	1급
		琫	칼집 장식 봉		琫珌(봉필)	王	4	12	특급
		菶	우거지다 봉		菶茸(봉용)	++	4	12	특급

73. 才

	재	才	재주 재	才能(재능)	扌	3	3	6급
▶	재	才	재주 재	才能(재능)	扌	3	3	6급
▶		材	재목 재	材木(재목)	木	4	7	5급
▶		財	재물 재	財物(재물)	貝	7	10	5급
		鼒	옹달솥 재/자		鼎	13	16	특급
	시	豺	승냥이 시	豺狼(시랑)	豸	7	10	1급
	폐	閉	닫다 폐	閉幕(폐막)	門	8	11	4급
我	아	我	나 아	我執(아집)	戈	4	7	3급
		俄	아까·갑자기 아	俄頃(아경)	亻	2	9	1급
		娥	예쁘다 아	姮娥(항아)	女	3	10	특급

峨	높다 아		嵯峨(차아)	山	3	10	특급
莪	쑥 아		蓬莪(봉아)	⧺	4	11	특급
餓	굶주리다 아		餓死(아사)	食	9	16	3급
鵝	거위 아		天鵝(천아)	鳥	11	18	특급
顁	가지런하다 아			頁	9	16	
蛾	누에나방 아 개미 의	蟻와 통용	蛾眉(아미) 蛾賊(의적)	虫	6	13	특급

74. 心

心	심	心	마음 심	心身(심신)	心	4	4	7급
		沁	스며들다 심	沁泄(심설)	氵	3	7	특급
		芯	골풀 심	鉛筆芯(연필심)	++	4	8	특급
惢	쇄	惢	꽃술 예 의심하다 쇄/수		心	4	12	
	예	蕊	꽃술 예/모이다 전	雌蕊(자예)	++	4	16	특급
		蘂	드리우다 예		糸	6	18	
橤	예	橤	꽃술·드리우다 예	橤橤(예예)	木	4	16	특급
		蘃	꽃술(蕊) 예		++	4	20	특급

75. 戈

戈	과	戈	창 과	干戈(간과)	戈	4	4	2급
		鍋	노구솥 과		金	8	12	
	벌	伐	치다·베다 벌	伐木(벌목)	亻	2	6	4급
戔	전	戔	적다·작다 전 해치다·나머지 잔	戔帛(전백) 戔餘(잔여)	戈	4	8	
		箋	기록하다 전	處方箋(처방전)	竹	6	14	1급

	錢	돈 전	金錢(금전)	金	8	16	4급
	餞	보내다 전	餞送(전송)	食	9	17	1급
잔	棧	사다리 잔	雲棧(운잔)	木	4	12	1급
	殘	잔인(殘忍)하다·남다 잔	殘酷(잔혹)	歹	4	12	4급
	盞	잔 잔	盞臺(잔대)	皿	5	13	1급
천	俴	얕다·엷다 천	俴者(천자)	亻	2	10	특급
	淺	얕다 천	淺薄(천박)	氵	3	11	3급
	賤	천하다 천	賤待(천대)	貝	7	15	3급
	踐	밟다 천	實踐(실천)	𧾷	7	15	3급
찬	籛	보리 찬		麥	11	19	

76. 戶

戶	호	戶	지게·집 호	戶主(호주)	戶	4	4	4급
		芦	지황 호/갈대 로		++	4	8	특급
계	啓	열다 계		攵	4	8	
견	肩	어깨 견	肩骨(견골)	肉	4	8	3급
고	雇	품을 팔다 고	雇用(고용)	隹	8	12	2급

77. 支

支	지	支	버티다 지	지탱(支撑) 支援(지원)	支	4	4	4급
		肢	팔다리 지	肢體(지체)	肉	4	8	1급
		枝	가지 지 육손이 기	枝葉(지엽) 枝指(기지)	木	4	8	3급
	시	翅	날개 시	後翅(후시)	羽	6	10	특급
	치	胑	눈꼽 치	眵(치)의 속자	目	5	10	
	기	伎	재간 기	伎倆(기량)	亻	2	6	1급
		妓	기생 기	妓生(기생)	女	3	7	1급
		岐	갈림길 기	岐路(기로)	山	3	7	2급
		忮	해(害)치다·사납다 기	忮心(기심)	忄	3	7	특급
▶		技	재주 기	技能(기능)	扌	3	7	5급
		歧	두갈래길 기	各歧(각기)	止	4	8	특급
		跂	육발이·발돋움하다 기	跂待(기대)	𧾷	7	11	특급
	규	頍	머리들다 규	頍然(규연)	頁	9	13	특급

78. 攵

攵	복	攵	치다 복		攵	4	4

목	牧	기르다·치다 목		牧畜(목축)	牛	4	8	4급
전	畋	밭갈다·사냥하다 전		畋獵(전렵)	田	5	9	특급
자	孜	부지런하다 자	勤勤孜孜(근근자자)		子	3	7	특급
매	枚	낱 매		枚數(매수)	木	4	8	2급
▶ 변	變	변하다 변		變更(변경)	言	7	23	5급
	䜌	어지럽다 련			言	7	19	
	瞚	눈감다 변			目	5	24	

79. 斗

斗 두	斗	말 두	斗升(두승) 斗頓(두둔)		斗	4	4	4급
	枓	두공(枓栱) 두		柱枓(주두)	木	4	8	특급
	蚪	올챙이 두			虫	6	10	
괴	魁	괴수 괴		魁首(괴수)	鬼	10	14	1급
	盍	바리때 괴			皿	5	9	
▶ 과	科	과목 과		科目(과목)	禾	5	9	6급
	斛	솥 과			鬲	10	14	

80. 斤

斤	근	斤	도끼·날(刃) 근	斤斧(근부)	斤	4	4	3급
		劤	힘·힘세다 근		力	2	6	특급
		芹	미나리 근	獻芹(헌근)	⁺⁺	4	8	특급
▶		近	가깝다 근	近接(근접)	辶	4	8	6급
	구	丘	언덕 구	丘陵(구릉)	一	1	5	3급
▶	병	兵	군사·병사 병	兵士(병사)	八	2	7	5급
		浜	작은 하천 병 물가 빈	濱(빈)의 속자	氵	3	10	특급
▶	질	質	바탕 질	質問(질문)	貝	7	15	5급
		瓆	사람 이름 질		王	4	19	특급
		礩	주춧돌 질	顚礩(전질)	石	5	20	특급
	치	懫	성내다 치	忿懫(분치)	忄	3	18	특급

81. 方

方	방	方	모·네모 방	方向(방향)	方	4	4	7급
		妨	방해하다 방	妨害(방해)	女	3	7	4급

		防	막다 방		防止(방지)	阝	3	7	4급
		房	방 방		廚房(주방)	戶	4	8	4급
▶	방	放	놓다 방		放送(방송)	攵	4	8	6급
		倣	본뜨다 방	倣似(방사)	模倣(모방)	亻	2	10	3급
		膀	붓다 방			肉	4	12	
	유	遊	놀다 유			辶	4	12	

82. 曰

曰	왈	曰	가로되·말하다 왈	或曰(혹왈)	曰	4	4	3급
	율	汩	흐르다 율	汩流(율류)	氵	3	7	특급
昌	창	昌	창성하다 창	昌盛(창성)	日	4	8	3급
		倡	광대 창	倡優(창우)	亻	2	10	1급
▶		唱	부르다 창	唱歌(창가)	口	3	11	5급
		娼	창녀 창	娼女(창녀)	女	3	11	1급
		猖	미쳐 날뛰다 창	猖獗(창궐)	犭	3	11	1급
		菖	창포 창	菖蒲(창포)	++	4	12	1급

83. 月

月	월	月	달 월	月光(월광)	月	4	4	8급
		刖	발꿈치베다 월	刖刑(월형)	刂	2	6	특급
		趴	발을 베다 월		跫	7	11	
▶	명	明	밝다 명	明月(명월)	日	4	8	6급
		駽	한마(汗馬) 명		馬	10	18	
	맹	萌	움(芽) 맹	萌芽(맹아)	++	4	12	1급
		盟	맹세 맹	盟誓(맹세)	皿	5	13	3급
猒	염	猒	물리다·족하다 염	猒倦(염권)	犬	4	12	2급
		憖	편안하다 염		心	4	16	
		饜	배부르다 염		食	9	21	
		黶	검은 사마귀 염		黑	12	24	
厭	염	厭	싫어하다 염/누르다 엽 　　　厭症(염증) 厭伏(엽복)		厂	2	14	2급
		檿	산뽕나무 염　　攘檿剔柘(양염척자)		木	4	18	특급
		饜	포식(飽食)하다 염	饜食(염식)	食	9	23	특급
		歴	가위눌리다 염·압		止	4	18	
	압	壓	누르다 압	壓倒(압도)	土	3	17	4급

▶	승	勝	이기다 승	勝利(승리)	力	2	12	6급
		券	고달프다 권		力	2	8	
		蕂	참깨 승		++	4	12	
		橺	땅 이름 승		木	4	12	

解) 勝에서 力은 부수이고, 券(권)은 표의자이며, 月은 표음자이다.

84. 木

木	목	木	나무 목	木材(목재)	木	4	4	8급
		絑	노끈 목		糸	6	10	
	휴	休	쉬다·그치다 휴	休假(휴가)	亻	2	6	7급
	곤	困	곤하다 곤	困難(곤란)	囗	3	7	4급
▶	상	相	서로 상	相互(상호)	目	5	9	5급
		廂	행랑(行廊)·곁채 상	廂軍(상군)	广	3	12	특급
		湘	물 이름 상		氵	3	12	특급
		想	생각 상	想像(상상)	心	4	13	4급
		箱	상자 상	箱子(상자)	竹	6	15	2급
霜	상	霜	서리 상	風霜(풍상)	雨	8	17	3급

		孀	홀어미 상	靑孀寡婦(청상과부)	女	3	20	1급
		霜	된서리 상		冫	3	23	
		繡	색이 장엄하다 상		糸	6	23	
喿	소	喿	떠들다·울다 소		口	3	13	
		品	물건 품		口	3	9	
▶	조	操	잡다 조	操縱(조종)	扌	3	16	5급
		燥	마르다 조 燥渴(조갈) 乾燥(건조)		火	4	17	3급
		璪	면류관장식 조		王	4	17	특급
		繰	고치켜다 조	繰絲(조사)	糸	6	19	1급
		躁	조급하다 조	躁急(조급)	𧾷	7	20	1급
		懆	근심하다 조 懆惡(조악) 떠들다 소 懆勞(소로) 가혹하다 참 懆剋(참극)		忄	3	16	특급
	초	剿	끊다 초	剿絶(초절)	刀	2	15	
		僄	길다 초		亻	2	15	
澡	조	澡	씻다 조	澡潔(조결)	氵	3	16	
		藻	마름 조	綠藻(녹조)	++	4	20	1급
▶	집	集	모으다 집	集團(집단)	隹	8	12	6급
		潗	샘솟다 집	潗濈(집즙)	氵	3	15	특급

	鏶	판금(板金) 집				金	8	20	특급
	囁	씹다 집				口	3	15	

85. 止

▶ 지	止	그치다 지	止痛(지통)	停止(정지)	止	4	4	5급
	址	터 지		址臺(지대)	基址(기지)	土	3	7	2급
	沚	물가 지		沚毛(지모)	氵	3	7	특급
	芷	어수리·구릿대 지		白芷(백지)	++	4	8	특급
	祉	복(福) 지		福祉(복지)	示	5	9	1급
	趾	발 지		趾骨(지골)	⻊	7	11	특급
기	企	꾀하다·도모하다 기		企圖(기도)	人	2	6	3급
긍	肯	즐기다 긍		肯志(긍지)	肉	4	8	3급

86. 歹

歹 알	歹	뼈앙상하다 알 나쁘다 대	歹信(알신) 怪歹(괴대)	歹	4	4	특급
	歺	뼈앙상하다 알 나쁘다 대		歹	4	5	
	歺	앙상한 뼈 알		卜	2	6	

列	렬	列	줄·벌리다 렬	列擧(열거)	刂	2	6	4급
		冽	차다 렬	冽泉(열천)	冫	2	8	특급
		洌	맑다 렬	洌泉(열천)	氵	3	9	특급
		梎	산밤나무 렬/늘어서다 례		木	4	10	특급
		烈	맵다 렬	猛烈(맹렬)	灬	4	10	4급
		裂	찢다 렬	決裂(결렬)	衣	6	12	3급
▶	례	例	법식 례	例示(예시)	亻	2	8	**6급**
		洌	비단조각 례		巾	4	10	
		殁	병들다 례		歹	4	10	
飧	손	飧	저녁밥 손	饔飧(옹손)	食	9	13	특급
		蓀	풀 이름 손		++	4	17	

87. 殳

殳	수	殳	창·몽둥이 수	殳矜(수근)	殳	4	4	특급
	반	般	가지·일반 반	般若(반야)	舟	6	10	3급

88. 毋

毋	무	毋	말다·아니다 무		毋	4	4	1급
	루	婁	끌다·별 이름 루	婁宿(누수)	女	3	11	특급

89. 比

▶	비	比	견주다 비	比較(비교)	比	4	4	5급
		仳	떠나다 비	仳離(비리)	亻	2	6	특급
		妣	죽은 어미 비	妣位(비위)	女	3	7	1급
		庇	덮다 비	庇護(비호)	广	3	7	1급
		枇	비파나무 비	枇杷(비파)	木	4	8	특급
		毗	돕다 비	毗益(비익)	比	4	9	특급
		毘	돕다 비	茶毘(다비)	比	4	9	2급
		砒	비상 비	砒霜(비상)	石	5	9	1급
		秕	쭉정이 비	秕政(비정)	禾	5	9	1급
		粃	쭉정이 비	粃糠(비강)	米	6	10	특급
		紕	가선(-縇)·꾸미다 비	紕疏(비소)	糸	6	10	특급
		琵	비파 비	琵琶(비파)	王	4	12	1급

	批	치다·비평하다 비	批評(비평)	扌	3	7	4급
빈	玭	진주 빈	玭珠(빈주)	王	4	8	특급

90. 毛

毛 모	毛	터럭 모	毛皮(모피)	毛	4	4	4급
	耗	소모하다 모	消耗(소모)	耒	6	10	1급
	髦	다박머리 모	髦倪(모예)	髟	10	14	특급
미	尾	꼬리 미	尾行(미행)	尸	3	7	3급
휘	麾	깃발 휘	麾下(휘하)	麻	11	15	1급

91. 气

气 기	气	기운 기/빌다 걸		气	4	4	
▶	汽	물 끓는 김 기	汽車(기차)	氵	3	7	5급
	刉	베다 기		刂	2	8	
	昕	기운 기		日	4	8	

92. 火

火	화	火	불 화	火災(화재)	火	4	4	8급
		伙	세간·기물 화		亻	2	6	
	전	畑	화전(火田) 전		田	5	9	특급
炎	염	炎	불꽃 염	炎症(염증)	火	4	8	3급
		剡	날카롭다 염	剡去(염거)	刂	2	10	특급
		琰	옥 염	琰魔王(염마왕)	王	4	12	특급
		扊	빗장 염		戶	4	12	
	담	啖	씹다 담	啖齧(담설)	口	3	11	특급
		惔	타다·편안하다 담	惔焚(담분)	忄	3	11	특급
		淡	맑다 담	淡白(담백)	氵	3	11	3급
		菼	물 억새 담	屋菼(옥담)	艹	4	12	특급
		痰	가래 담	痰塊(담괴)	疒	5	13	1급
▶		談	말씀 담	談話(담화)	言	7	15	5급
		錟	긴 창 담/날카롭다 섬/서슬 염		金	8	16	특급
		餤	권하다·먹다 담	餤餠(담병)	食	9	17	특급

93. 灬

灬	화	灬	불 화		灬	4	4	
	걸	杰	뛰어나다 걸		木	4	8	2급
	고	羔	새끼 양 고	羔羊(고양)	羊	6	10	특급
	표	麃	굳세다·김매다 표 고라니 포	麃搖(표요) 麃鹿(포록)	鹿	11	15	특급
	초	禾	오그라들다 초		禾	5	9	

94. 爫

爫	조	爫	손톱 조		爪	4	4	1급
		爪	손톱 조		爪	4	4	1급
	률	寽	취하다 률		寸	3	7	
	부	孚	미쁘다·알까다 부	孚信(부신)	子	3	7	특급
	타	妥	온당하다 타	妥當(타당)	女	3	7	3급
	채	采	풍채 채 采色(채색)	風采(풍채)	采	7	8	2급
受	수	受	받다 수	受講(수강)	又	2	8	4급
		授	주다 수	授受(수수)	扌	3	11	4급
		綬	끈·인끈 수	印綬(인수)	糸	6	14	특급

		誶	말을 전하다 수			言	7	15
▶	애	愛	사랑 애	愛情(애정)		心	4	13	6급
		炁	사랑하다 애			心	4	7
		僾	비슷하다·흐느껴 울다 애	僾嗳(애사)		亻	2	15	특급
		曖	희미하다 애	曖昧(애매)		日	4	17	1급
		瞹	가리다 애			目	5	18

95. 爿

爿	장	爿	나뭇조각 장			爿	4	4
		壯	씩씩하다 장	壯美(장미)		士	3	7	4급
		戕	죽이다·찌르다 장	戕命(장명)		戈	4	8	특급
		斨	도끼 장			斤	4	8	특급
	상	狀	모양·형상 상 문서 장	狀況(상황) 令狀(영장)		犬	4	8	4급

96. 牛

▶	우	牛	소 우	牛馬(우마)		牛	4	4	5급
		芋	풀 이름 우			艹	4

		魁	귀신 우		鬼		10	
		鮴	철갑상어 우		魚		11	
▶	건	件	구분하다·물건 건	件數(건수)	亻	2	6	5급
▶	고	告	아뢰다·고하다 고	告別(고별)	口	3	7	5급
		誥	깨우치다 고		言	7	14	특급
	호	浩	넓다 호	浩然(호연)	氵	3	10	3급
		晧	밝다 호	晧雪(호설)	日	4	11	2급
	곡	梏	수갑 곡	桎梏(질곡)	木	4	11	1급
		牿	외양간 곡	牿牢(곡뢰)	牛	4	11	특급
		鵠	고니·과녁 곡	鵠的(곡적)	鳥	11	18	1급
	혹	酷	심하다 혹	酷毒(혹독)	酉	7	14	2급
		頔	코가 우뚝하다 혹		頁	9	16	
造	조	造	짓다 조	造成(조성)	辶	4	11	4급
		慥	착실(着實)하다 조	慥慥(조조)	忄	3	14	특급
		糙	매조미쌀 조		米	6	17	
		耡	농기구 조		耒	6	17	
		艁	만들다 조		舟	6	17	
		蠋	벼룩 조		虫	6	17	

皓	호	皓	희다 호	皓齒(호치)	白	5	12	2급
		滈	넓다 호		氵	3	15	2급

97. 犬

犬	견	犬	개 견	犬馬(견마)	犬	4	4	4급
		畎	밭고랑 견	靑畎(청견)	田	5	9	특급
	폐	吠	짖다 폐	犬吠(견폐)	口	3	7	특급
	돌	突	갑자기 돌	突入(돌입)	穴	5	9	3급
	곡	哭	울다 곡 (叫 부르짖다 훤)	哭泣(곡읍)	口	3	10	3급
	려	戾	어그러지다 려	返戾(반려)	戶	4	8	1급
伏	복	伏	엎드리다 복 안다 부	伏兵(복병) 伏鷄(부계)	亻	2	6	4급
		茯	복령 복	茯苓(복령)	++	4	10	특급
		栿	대들보 복		木	4	10	
		袱	보자기 복		衤	5	11	
	보	洑	보 보·스며 흐르다 복	洑主(보주)	氵	3	9	1급
▶	류	類	무리 류 치우치다 뢰	類似(유사)	頁	9	19	5급
		类	무리 류	類의 속자	米	6	10	
		壏	흙덩어리 류		土	3	22	

| 蘱 | 풀 이름 류 | | ++ | 4 | 23 |

98. 王

王	왕	王	임금 왕	王朝(왕조)	王	4	4	8급
		汪	넓다 왕	汪洋(왕양)	氵	3	7	2급
		旺	왕성하다 왕	旺盛(왕성)	日	4	8	2급
		枉	굽다 왕	枉曲(왕곡)	木	4	8	1급
▶	재	再	두 재	再開(재개)	冂	2	6	5급
		佴	싣다 재		亻	2	8	
		洅	소리내어 퍼지다 재		氵	3	9	
匩	광	匩	바르다 광	匡正(광정)	匚	2	6	1급
		筐	광주리 광	筐籠(광롱)	竹	6	12	특급
		恇	겁내다 광		忄	3	9	
		誆	속이다 광		言	7	13	
狂	광	狂	미치다 광	狂氣(광기)	犭	3	7	3급
		誑	속이다 광	誑詐(광사)	言	7	14	특급
		逛	달아나다 광		辶	4	14	

		疽	열병 광		疒	5	12
皇	황	皇	임금 황	皇帝(황제)	白	5	9	3급
		凰	봉황 황	鳳凰(봉황)	几	2	11	1급
		喤	울음소리 황/떠들석한 소리 횡		口	3	12	특급
		堭	당(堂)집·해자 황		土	3	12	특급
		媓	어머니 황		女	3	12	특급
		徨	헤매다 황	彷徨(방황)	彳	3	12	1급
		惶	두렵다 황	惶悚(황송) 惶恐(황공)	忄	3	12	1급
		湟	성지(城池) 황		氵	3	12	특급
		隍	해자 황	隍池(황지)	阝	3	12	특급
		煌	빛나다 황	輝煌(휘황)	火	4	13	1급
		遑	급하다 황	遑急(황급)	辶	4	13	1급
		篁	대숲 황	笙篁(생황)	竹	6	15	특급
		蝗	황충 황	蝗蟲(황충)	虫	6	15	특급
肓	황	肓	명치 황	膏肓(고황)	肉	4	7	
▶	망	望	바라다 망	希望(희망)	月	4	11	5급

99. 罒

罒	시	罒	그물 망		罒	4	4

100. 礻

礻	시	礻	보이다 시		礻	4	4

101. ⺿

⺿	시	⺿	풀 초		⺿	4	4	
	거	廾	들다 거		廾	3	7	
	구	韭	부추 구		韭	9	13	
雚	관	雚	황새 관 박주가리 환	白雚(백관)	隹	8	18	
		瞿	골짜기 규		隹	8	14	
		吅	부르짖다 훤		口	3	6	
		灌	물대다 관	灌漑(관개)	氵	3	21	1급
		瓘	옥 관		王	4	22	특급
		罐	두레박·물동이 관	湯罐(탕관)	缶	6	24	특급

▶		觀	보다 관	觀光(관광)	見	7	25	5급
		顴	광대뼈 관	顴骨(관골)	頁	9	27	1급
		鸛	황새 관	鸛鳥(관조)	鳥	11	29	특급
	권	勸	권하다·힘쓰다 권	勸誘(권유)	力	2	20	4급
		權	권세 권	權勢(권세)	木	4	22	4급
	환	懽	기뻐하다 환	懽怩(환니)	忄	3	21	특급
		歡	기쁘다 환	歡迎(환영)	欠	4	22	4급
		驩	기뻐하다 환	驩然(환연)	馬	10	28	1급

102. 辶

辶	착	辶	쉬엄쉬엄 가다 착		辶	4	4	
	순	巡	돌다(廻) 순	巡訪(순방)	巛	3	7	3급

103. 夭

夭	요	夭	어리다 요	夭折(요절)	大	3	4	1급
		妖	아리땁다·요귀 요	妖艶(요염)	女	3	7	2급
		殀	일찍 죽다 요	殀亡(요망)	歹	4	8	특급
	탄	呑	삼키다 탄	甘呑苦吐(감탄고토)	口	3	7	1급

| 옥 | 沃 | 기름지다 옥 | 沃土(옥토) | 氵 | 3 | 7 | 2급 |
| 첨 | 忝 | 욕되다 첨 | 忝叨(첨도) | 小 | 4 | 8 | 특급 |

104. 凶

▶	흉	凶	흉하다 흉	凶器(흉기)	凵	2	4	5급
		函	흉(凶)하다 흉		亠	2	6	
		訩	다투다·송사하다 흉	訩懼(흉구)	言	7	11	특급
	후	酗	주정(酒酊)하다 후	酗沈(후침)	酉	7	11	특급
	공	跫	발자국 소리 공		足	7	11	
		銎	도끼구멍 공		金	8	12	

兇	흉	兇	흉악(凶惡·兇惡)하다 흉	兇物(흉물)	儿	2	6	1급
		詾	다투다 흉		言	7	13	
	종	稯	묶다 종		禾	5	11	
		鬷	모이다 종		鬲	10	16	

夒	종	夒	(다리를)오므리다 종		夂	3	9	
		椶	종려(椶櫚)나무 종	椶櫚(종려)	木	4	13	특급
		鬷	모이다 종	鬷邁(종매)	鬲	10	19	특급
		堫	심다 종		土	3	12	

匈	흉	匈	가슴·떠들썩하다 흉	匈奴(흉노)	勹	2	6	2급
		洶	용솟음치다 흉	洶懼(흉구)	氵	3	9	1급
		胸	가슴 흉	胸襟(흉금)	肉	4	10	3급
		恟	두려워하다 흉		忄	3	9	

105. 夬

夬	쾌	夬	터놓다 쾌 깍지 결	夬渫(쾌설)	大	3	4	특급
		快	쾌하다 쾌	快擧(쾌거)	忄	3	7	4급
	결	抉	도려내다 결	剔抉(척결)	扌	3	7	특급
▶		決	결단하다 결	決斷(결단)	氵	3	7	**5급**
		缺	이지러지다 결	缺陷(결함)	缶	6	10	4급
		訣	헤어지다 결	訣別(결별)	言	7	11	3급
		弆	깍지 결		弓	3	7	
	메	袂	소매 메	短袂(단메)	衤	5	9	1급
	격	鴃	왜가리 격	鴃舌(격설)	鳥	11	15	특급

106. 今

	금	今	이제 금	今年(금년)	人	2	4	6급
		妗	외숙모 금	妗母(금모)	女	3	7	특급
		昑	밝다 금		日	4	8	특급
		芩	풀 이름 금	黃芩(황금)	++	4	8	특급
		衿	옷깃 금	衿袖(금수)	ネ	5	9	특급
		衾	이불 금	衾枕(금침)	衣	6	10	1급
		琴	거문고 금	琴瑟(금슬)	王	4	12	3급
	음	吟	읊다 음	吟風弄月(음풍농월)	口	3	7	3급
	검	鈐	자물쇠 검	鈐結(검결)	金	8	12	특급
		黔	검다 검	黔炭(검탄)	黑	12	16	특급
含	함	含	머금다 함	含量(함량)	口	3	7	3급
		圅	가라앉다 함		匚	2	10	
▶	념	念	생각 념	槪念(개념)	心	4	8	5급
		捻	비틀다 념	捻出(염출)	扌	3	11	특급
	임	稔	익다 임	稔年(임년)	禾	5	13	특급
		裧	풍년들다 임		ネ	4	12	

심	諗	고(告)하다 심		諗知(심지)	言	7	15	특급
	渖	흐리다 심			氵	3	11	

107. 公

▶ 공	公	공변되다 공		公論(공론)	八	2	4	**6급**
	蚣	지네 공		蜈蚣(오공)	虫	6	10	특급
옹	瓮	독·항아리 옹		石瓮(석옹)	瓦	5	9	특급
	翁	늙은이 옹	塞翁得失(새옹득실)		羽	6	10	3급
송	訟	송사(訟事)하다 송		訴訟(소송)	言	7	11	3급
	頌	기리다 송		稱頌(칭송)	頁	9	13	4급
松 송	松	소나무 송		松柏(송백)	木	4	8	4급
	淞	물 이름 송		霧淞(무송)	氵	3	11	특급
숭	崧	산이 높다 숭		崧高(숭고)	山	3	11	특급
	菘	배추 숭			++	4	12	

108. 少

少 소	少	적다 소		少數(소수)	小	3	4	7급

	躺	몸 소		身	7	11	
초	抄	뽑다 초	抄本(초본)	扌	3	7	3급
	秒	분초 초 까끄라기 묘	秒速(초속) 秒忽(묘홀)	禾	5	9	3급
	竗	묘하다(妙) 묘		立	5	9	특급
렬	劣	못하다 렬	劣等(열등)	力	2	6	3급
▶ 성	省	살피다 성 덜다 생	省察(성찰) 省略(생략)	目	5	9	6급
	揩	코를 풀다 성		扌	3	12	
	甄	물 장군 성		瓦	5	14	
	瘖	야위다 성/생		疒	5	14	
생	覴	종아리가 드러나다 생		見	7	16	

109. 止

止 지	止	그치다 지		止	4	4	
보	走	걸음 보		止	4	8	

110. 中

中 중	中	가운데 중	中央(중앙)	丨	1	4	8급

	仲	버금·가운데 중	仲介(중개)	亻	2	6	3급
충	忠	충성 충	忠誠(충성)	心	4	8	4급
	衷	속마음 충	衷心(충심)	衣	6	10	2급

111. 分

▶ 분	分	나누다 분	分別(분별)	刀	2	4	6급
	吩	분부하다 분	吩咐(분부)	口	3	7	1급
	扮	꾸미다 분	扮裝(분장)	扌	3	7	1급
	汾	물 이름 분		氵	3	7	특급
	忿	성내다 분	忿怒(분노)	心	4	8	1급
	昐	햇빛 분		日	4	8	특급
	枌	흰 느릅나무 분		木	4	8	특급
	棼	마룻대·어지럽다 분	棼結(분결)	木	4	12	특급
	芬	향기 분	芬芳(분방)	++	4	8	2급
	盆	동이·주발 분	盆地(분지)	皿	5	9	1급
	紛	어지럽다 분	紛亂(분란)	糸	6	10	3급
	粉	가루 분	粉塵(분진)	米	6	10	4급
	雰	눈이 날리다 분	雰圍氣(분위기)	雨	8	12	1급
빈	邠	나라 이름 빈	去邠(거빈)	阝	3	7	특급

	貧	가난하다 빈	貧富(빈부)	貝	7	11	4급
반	盼	눈이 예쁘다 반		目	5	9	특급
	頒	나누다·퍼뜨리다 반	頒布(반포)	頁	9	13	1급

112. 丰

丰	봉	丰	예쁘다 봉·풍채 풍	丰姿(봉자)	丨	1	4	특급
		妦	아름답다 봉		女	3	7	
	방	邦	나라 방	聯邦(연방)	阝	3	7	3급
		蚌	조개 방	蚌鷸之爭(방휼지쟁)	虫	6	10	특급
拜	배	拜	절 배	拜上(배상) 歲拜(세배)	扌	3	9	4급
		湃	물결치다 배	澎湃(팽배)	氵	3	12	1급
		呷	간의 병 배/염불소리 패		口	3	12	
		蹵	절룩거리다 배		𧾷	7	16	
夆	봉	夆	이끌다 봉		夂	3	7	3급
		峯	봉우리 봉	高峯(고봉)	山	3	10	3급
		峰	봉우리 봉	孤峰(고봉)	山	3	10	특급
		烽	봉화 봉	烽火(봉화)	火	4	11	1급
		蜂	벌 봉	養蜂(양봉)	虫	6	13	3급

		鋒	칼날 봉		鋒鋩(봉망)	金	8	15	1급
▶	책	責	꾸짖다 책		責任(책임)	貝	7	11	5급
		簀	살평상·대자리 책		葭簀(가책)	竹	6	17	특급
	지	漬	적시다 지		漬鹽(지염)	氵	3	14	특급
		羵	모으다 지			羊	6	17	
	채	債	빚 채		債務(채무)	亻	2	13	3급
	적	勣	공적(功績) 적		勣業(적업)	力	2	13	특급
		積	쌓다 적	積金(적금)	積極(적극)	禾	5	16	4급
		績	길쌈 적		成績(성적)	糸	6	17	4급
		蹟	자취 적		古蹟(고적)	𧾷	7	18	3급
▶	해	害	해치다 해		被害(피해)	宀	3	10	5급
		哷	때리는 소리 방			口	3	7	
		愲	상쾌하다 해			忄	3	13	
	할	割	베다·가르다 할		割腹(할복)	刂	2	12	3급
		轄	다스리다 할		統轄(통할)	車	7	17	1급
	활	豁	넓다 활		豁達(활달)	谷	7	17	특급
	괄	銛	혀빼물다 괄			舌	6	16	

113. 壬

壬	임	壬	아홉째천간·북방 임	壬方(임방)	士	3	4	3급
		妊	아이배다 임	妊娠(임신)	女	3	7	2급
		衽	옷깃·담요 임	衽席(임석)	衤	5	9	특급
		註	생각하다 임		言	7	11	
▶	임	任	맡기다·일 임	任務(임무)	亻	2	6	**5급**
		姙	임신(妊娠·姙娠)하다 임	姙婦(임부)	女	3	9	특급
		恁	생각하다 임	恁約(임약)	心	4	10	특급
		荏	들깨 임	野荏(야임)	++	4	10	특급
		袵	옷깃 임	續袵(속임)	衤	5	11	특급
		賃	품삯 임	賃金(임금)	貝	7	13	3급
坙	음	坙	가까이하다 음		宀	4	8	3급
		淫	음란하다 음	淫亂(음란)	氵	3	11	3급
		婬	음탕하다 음		女	3	11	
呈	정	呈	드리다·나타나다 정	呈納(정납)	口	3	7	2급
		程	기둥·탁자 정		木	4	11	특급
		珵	패옥(佩玉) 정		王	4	11	특급

		程	한도·길(道) 정	程度(정도)	禾	5	12	4급
		裎	옷을 벗다 정		衤	5	12	특급
		酲	숙취(宿醉) 정	酒酲(주정)	酉	7	14	특급
		鋥	칼날세우다 정	磨鋥(마정)	金	8	15	특급
	령	逞	쾌하다·즐겁다 령	狂逞(광령)	辶	4	11	1급
	영	郢	초나라 서울 영		阝	3	10	특급
聖	성	聖	성인 성	呈(정) 聖人(성인)	耳	6	13	4급
		呈	드리다·나타나다 정	呈納(정납)	口	3	7	2급
	정	偵	정탐하다 정		亻	2	15	
		檉	능수버들 정	檉柳(정류)	木	4	17	특급
		蟶	긴맛 정/성		虫	6	19	
戠	질	戠	크다 질	戴의 와자	戈	4	13	
		戈	상하다 재		戈	4	6	
		趉	달리다 질		走	7	20	
▶	철	鐵	쇠 철	鐵鋼(철강)	金	8	21	5급
		驖	구렁말 철	驖驄馬(철총마)	馬	10	23	특급
廷	정	廷	조정(朝廷) 정	朝廷(조정)	廴	3	7	3급
▶		庭	뜰 정	庭園(정원)	广	3	10	6급

挺	빼어나다 정	挺傑(정걸)	扌	3	10	1급
涏	물결이 곧다 정		氵	3	10	특급
梃	막대기·몽둥이 정	鐵梃(철정)	木	4	11	특급
珽	옥 이름 정	珽水植物(정수식물)	王	4	11	2급
綎	띠·인끈 정		糸	6	13	특급
艇	배 정	艦艇(함정)	舟	6	13	2급
鋌	쇳덩이 정	南鋌(남정)	金	8	15	특급
霆	벼락 정	雷霆(뇌정)	雨	8	15	특급

114. 之

之	지	之	가다·이르다 지	之者(지자)	丿	1	4	3급
		芝	지초·버섯 지	芝草(지초)	++	4	8	2급
	치	蚩	어리석다 치		虫	6	10	
	핍	乏	모자라다·떨어지다 핍	缺乏(결핍)	丿	1	5	1급

乏	핍	乏	모자라다·떨어지다 핍	缺乏(결핍)	丿	1	5	1급
		鴔	오디새 핍		鳥	11	16	
	폄	貶	낮추다 폄	貶下(폄하)	貝	7	12	1급
		窆	하관하다 폄		穴	5	10	

115. 毋

毋	관	毋	꿰뚫다 관		毋	4	4	
貫	관	貫	꿰다 관	貫徹(관철)	貝	7	11	3급
		慣	익숙하다 관	慣習(관습)	忄	3	14	3급
▶	실	實	열매 실 이르다 지	實踐(실천) 至 와 통용	宀	3	14	5급

116. 玄

玄 현	玄	검다 현	玄米(현미)	玄	5	5	3급
	弦	시위 현	弦樂(현악)	弓	3	8	2급
	怰	팔다 현		忄	3	8	특급
	泫	눈물흘리다 현	涕泫(체현)	氵	3	8	특급
	眩	햇빛 현		日	4	9	특급
	炫	밝다 현	炫幻(현환)	火	4	9	2급
	玹	옥돌 현		王	4	9	특급
	絃	줄 현	絃樂(현악)	糸	6	11	3급
	舷	뱃전 현	船舷(선현)	舟	6	11	특급
	衒	자랑하다 현	衒學(현학)	行	6	11	1급
	鉉	솥귀 현	鉉席(현석)	金	8	13	2급
	眩	어지럽다 현 요술 환	眩氣(현기) 幻과 동자	目	5	10	1급

117. 瓜

瓜 과	瓜	오이 과	瓜田(과전)	瓜	5	5	2급
	苽	오이 과 줄 고	生苽(생과) 沈苽(침고)	++	4	9	특급

고	孤	외롭다 고	孤兒(고아)	子	3	8	4급
	觚	술잔 고	操觚(조고)	角	7	12	특급
호	弧	활 호	弧線(호선)	弓	3	8	1급
	狐	여우 호	狐假虎威(호가호위)	犭	3	8	1급

118. 甘

甘	감	甘	달다 감	甘草(감초)	甘	5	5	4급
		柑	귤 감	柑橘(감귤)	木	4	9	1급
		疳	감질(疳疾) 감	疳瘡(감창)	疒	5	10	1급
		紺	감색·연보라 감	紺色(감색)	糸	6	11	1급
	모	某	아무 모	某月某日(모월모일)	木	4	9	3급

119. 用

▶	용	用	쓰다 용	利用(이용)	用	5	5	6급
		傭	품팔다 용		亻	2	7	
		擁	안다 용		扌	3	9	
		盅	단지 용		皿	5	10	

120. 田

田	전	田	밭 전	田園(전원)	田	5	5	4급
		佃	밭갈다 전	佃器(전기)	亻	2	7	특급
		鈿	비녀 전	金鈿(금전)	金	8	13	특급
	세	細	가늘다 세	細胞(세포)	糸	6	11	4급
	루	累	여러·자주 루	累積(누적)	糸	6	11	3급
	뢰	雷	우레 뢰	雷管(뇌관)	雨	8	13	3급
▶	과	果	과실·실과 과	果實(과실)	木	4	8	6급
		菓	과자(菓子) 과	製菓(제과)	++	4	12	2급
		蜾	나나니벌 과	蜾蠃(과라)	虫	6	14	특급
		裹	싸다 과	裹紙(과지)	衣	6	14	특급
▶		課	공부하다·과정 과	課題(과제)	言	7	15	5급
		顆	낟알 과	顆粒(과립)	頁	9	17	1급
	라	裸	벗다 라	裸體(나체)	衤	5	13	2급
		蠃	벌거벗다 라	蠃葬(나장)	肉	4	21	특급
		臝	노새 라		肉	4	13	
	관	祼	강신제(降神祭) 관	祼鬯(관창)	示	5	13	특급

▶	사	思	생각 사	思考(사고)	心	4	9	5급
		葸	삼가다·겁내다 사		++	4	13	특급
		漃	쌀을 일다 사		氵	3	12	
	시	偲	힘쓰다·굳세다 시		亻	2	11	특급
		媤	시집 시	媤宅(시댁)	女	3	12	1급
		緦	삼베 시	緦麻(시마)	糸	6	15	특급

121. 疋

疋	필	疋	짝 필 발 소	疋馬(필마)	疋	5	5	1급
		胚	살찌다 필		肉	4	9	
	소	梳	빗 소		木	4	9	
	단	蛋	새알 단	蛋白(단백)	虫	6	11	1급
是	시	是	이것·옳다 시	是非(시비)	日	4	9	4급
		匙	숟가락 시	十匙一飯(십시일반)	匕	2	11	1급
		諟	다스리다 시		言	7	16	특급
	식	寔	이것·참으로 식	寔景(식경)	宀	3	12	특급
		湜	물이 맑다 식		氵	3	12	2급
	제	堤	둑·방죽 제	堤防(제방)	土	3	12	3급

		提	끌다 제 떼지어날다 시	提供(제공) 提提(시시)	扌	3	12	4급
		隄	둑·막다 제		阝	3	12	특급
		瑅	옥 이름 제		王	4	13	특급
		禔	복(福)·편안하다 제		示	5	14	특급
		醍	제호 제	醍醐(제호)	酉	7	16	특급
▶		題	제목(題目) 제	課題(과제)	頁	9	18	6급
▶	정	定	정하다 정	決定(결정)	宀	3	8	6급
		碇	닻 정	碇泊(정박)	石	5	13	1급
		錠	덩이·알약 정	錠劑(정제)	金	8	16	1급
	전	淀	앙금 전/정	淀瀁(전박)	氵	3	11	특급
	탄	綻	터지다 탄	綻露(탄로)	糸	6	14	1급

122. 白

白	백	白	희다 백	白雪(백설)	白	5	5	8급
		伯	맏 백 두목 패	伯父(백부) 伯主(패주)	亻	2	7	3급
		柏	측백나무 백	側柏(측백)	木	4	9	2급
		魄	넋 백	魂魄(혼백)	鬼	10	15	1급
	박	拍	치다 박	拍手(박수)	扌	3	8	4급

	迫	닥치다 박		逼迫(핍박)	辶	4	9	3급
▶ 자	者	놈 자		消費者(소비자)	耂	4	9	6급
	煮	삶다 자		煮沸(자비)	灬	4	13	1급
	赭	붉다 자		赭面(자면)	赤	7	16	특급
사	奢	사치하다 사		奢侈(사치)	大	3	12	1급
서	暑	덥다 서		避暑(피서)	日	4	13	3급
	緒	실마리 서 緒論(서론) 나머지 사	端緒(단서)	糸	6	15	3급
저	渚	물가·모래섬 저		沙渚(사저)	氵	3	12	특급
	猪	돼지(猪) 저		猪脂(저지)	犭	3	12	특급
	楮	닥나무·종이 저		楮錢(저전)	木	4	13	특급
	箸	젓가락 저		匙箸(시저)	竹	6	15	1급
	豬	돼지 저		豬肉(저육)	豕	7	16	1급
도	堵	담 도		安堵(안도)	土	3	12	1급
	屠	죽이다 도		屠殺(도살)	尸	3	12	1급
▶	都	도읍 도		都邑(도읍)	阝	3	12	5급
	瘏	앓다 도			疒	5	14	특급
	睹	보다 도		目睹(목도)	目	5	14	1급
	覩	보다 도		目覩(목도)	見	7	16	특급
	賭	내기 도		賭博(도박)	貝	7	16	1급

		闍	망루(望樓)·성문 도		門	8	17	특급
泉	천	泉	샘 천	溫泉(온천)	水	4	9	4급
		湶	샘 천		氵	3	12	
	선	腺	샘 선	甲狀腺(갑상선)	肉	4	13	1급
▶		線	줄 선	路線(노선)	糸	6	15	6급
▶	원	原	근원·찾다·들판 원	原價(원가)	厂	2	10	5급
		嫄	여자 이름 원		女	3	13	특급
		源	근원(根源) 원	源泉(원천)	氵	3	13	4급
		愿	원(願)하다·삼가다 원		心	4	14	특급
▶		願	원하다 원	民願(민원)	頁	9	19	5급
		騵	절따말·월따말 원	龍躍騵(용약원)	馬	10	20	특급
▶	습	習	익히다 습	習慣(습관)	羽	6	11	6급
		熠	빛나다 습		火	4	15	특급
		褶	주름 습/접 褶曲(습곡) 겹옷 첩	板褶(판접) 股褶(고첩)	衤	5	16	특급
		慴	두려워하다 습	慴悸(습계)	忄	3	14	
		颸	바람 습		風	9	20	
	섭	躡	걸어가다 섭		𧾷	7	18	
	접	摺	접다 접/섭 摺紙(접지) 끌다 랍	摺衾(섭금) 摺拉(납랍)	扌	3	14	특급

	㩠	귀 접			耳	6	17
첩	㡪	겹옷 첩			巾	3	14
	㲯	속눈섭 첩			毛	4	15

123. 皮

皮 피	皮	가죽 피		皮膚(피부)	皮	5	5	3급
	彼	저 피		彼此(피차)	彳	3	8	3급
	疲	지치다 피		疲困(피곤)	疒	5	10	4급
	被	입다 피	被害(피해) 被拉(피랍)		衤	5	10	3급
파	波	물결 파/방죽 피/음역자 바 波紋(파문) 波羅蜜(바라밀)			氵	3	8	4급

124. 目

▶ 목	目	눈 목		目標(목표)	目	5	5	6급
	疳	질병 목			疒	5	10	
	舢	거룻배 목			舟	6	10	
▶ 구	具	갖추다 구		具色(구색)	八	2	8	5급
	俱	함께·갖추다 구		俱備(구비)	亻	2	10	3급

		垢	방죽 구			土	3	11
		懼	두려워하다 구			忄	3	11

125. 矛

矛	모	矛	창 모	矛盾(모순)	矛	5	5	2급
		茅	띠풀 모	茅屋(모옥)	⺿	4	9	2급
		蟊	해충 모 (蚛 벌레 곤)	蟊賊(모적)	虫	6	17	특급
	무	敄	힘쓰다 무	務(무)	攵	4	9	
	유	柔	부드럽다 유	柔軟(유연)	木	4	9	3급

126. 矢

矢	시	矢	화살 시	弓矢(궁시)	矢	5	5	3급
		笑	화살 시		竹	6	11	
		鉂	살촉 시		金	8	13	
	지	庅	알다 지		广	3	8	
	치	雉	꿩 치		隹	8	13	2급
医	예	医	동개 예/의원(醫員) 의		匚	2	7	

		懿	공손하다 예/자세히 살피다 의		心	4	9	
殹	예	殹	앓는 소리 예		殳	4	11	
		翳	깃일산·가리다 예	掩翳(엄예)	羽	6	17	특급
		鷖	갈매기 예		鳥	11	22	특급
		黳	주근깨 예		黑	12	23	
▶	의	醫	의원(醫員) 의	醫師(의사)	酉	7	18	6급
		殹广	급하다 의		广	3	14	
▶	족	族	겨레 족·풍류가락 주	家族(가족)	方	4	11	6급
		㫃	나부끼다 언		方	4	6	
		簇	가는 대 족	簇子(족자)	竹	6	17	1급
		蔟	섶 족/태주·정월 주 蠶蔟(잠족)	太蔟(태주)	++	4	15	
	촉	鏃	화살촉 촉/족	石鏃(석촉)	金	8	19	특급
		碏	화살촉 촉		石	5	16	
	주	嗾	부추기다 주	使嗾(사주)	口	3	14	1급

127. 石

| ▶ | 석 | 石 | 돌 석 | 石榴(석류) | 石 | 5 | 5 | 6급 |
| | | 鉐 | 놋쇠 석 | | 金 | 8 | 13 | 특급 |

	鼫	다람쥐 석		鼫鼠(석서)	鼠	13	18	특급
척	坧	터 척			土	3	8	특급
	跖	발바닥 척		跖盩(척주)	𧾷	7	12	특급
	拓	넓히다 척 밀치다·박다 탁		開拓(개척) 拓本(탁본)	扌	3	8	3급
작	斫	베다·쪼개다 작		斫斬(작참)	斤	4	9	특급
자	柘	산뽕나무 자	=柘	桑柘(상자)	木	4	9	특급
탕	宕	호탕(豪宕)하다 탕		跌宕(질탕)	宀	3	8	1급
암	岩	바위 암	=巖	岩壁(암벽)	山	3	8	특급
돌	乭	이름 돌			乙	1	6	2급
투	妬	샘내다 투		妬忌(투기)	女	3	8	1급
砳 력	砳	돌소리 력			石	5	10	
뢰	磊	돌무더기 뢰		磊嵬(뇌외)	石	5	15	1급

128. 示

▶ 시	示	보이다 시		示威(시위)	示	5	5	5급
	視	보다 시		視角(시각)	見	7	12	4급
	胝	살이 살아나다 시			肉	4	9	
	眂	보다 시			目	5	10	

宗	종	宗	마루·으뜸 종	宗敎(종교)	宀	3	8	4급
		倧	신인(神人) 종	元倧敎(원종교)	亻	2	10	특급
		悰	즐기다 종	危悰(위종)	忄	3	11	특급
		淙	물소리 종		氵	3	11	특급
		椶	종려(椶櫚)나무 종	椶髥(종염)	木	4	12	특급
		琮	옥홀(玉笏) 종		王	4	12	2급
		綜	모으다 종	綜合(종합)	糸	6	14	2급
		踪	자취 종	失踪(실종)	𧾷	7	15	1급
崇	숭	崇	높다 숭	崇尙(숭상)	山	3	11	4급
		剻	가래붙이 숭		刂	2	13	
		饛	게걸스럽게 먹다 숭		食	9	20	

129. 禾

禾	화	禾	벼 화	禾苗(화묘)	禾	5	5	3급
▶		和	온화하다 화	和睦(화목)	口	3	8	6급
		鉌	방울 화		金	8	13	
		龢	조화롭다 화		龠	17	22	
▶	리	利	날카롭다·이롭다 리	利益(이익)	刂	2	7	6급

	俐	영리(怜悧·伶俐)하다 리		亻	2	9	특급
	喇	가는 소리 리		口	3	10	특급
	悧	영리(怜悧·伶俐)하다 리		忄	3	10	1급
	梨	배 리	梨花(이화)	木	4	11	3급
	莉	말리(茉莉) 리		++	4	11	특급
	痢	이질 리	痢疾(이질)	疒	5	12	1급
	犁	밭갈다 리/려	犁牛(이우)	牛	4	12	특급
秝 력	秝	나무가 성기다 력		禾	5	10	
	蒶	초목이 성기다 력		++	4	14	
	礫	돌소리 력		石	5	15	
	褳	싸매다 력		衣	6	16	
厤 력	厤	책력(冊曆)·다스리다 력		厂	2	12	
	曆	책력(冊曆) 력	陽曆(양력)	日	4	16	3급
	�突	번쩍거리다 력		火	4	16	
	甈	질그릇 력		瓦	5	17	
▶ 력	歷	지나다 력	歷史(역사)	止	4	16	5급
	瀝	스미다·나타내다 력	披瀝(피력)	氵	3	19	1급
	靂	벼락 력	霹靂(벽력)	雨	8	24	특급

		攊	치다 력			扌	3	19

130. 立

立	립	立	서다 립	立春(입춘)	立	5	5	7급
		苙	구릿대 립		⺿	4	9	특급
		砬	돌소리 립		石	5	10	특급
		笠	삿갓 립	敝袍破笠(폐포파립)	竹	6	11	1급
		粒	낟알 립	粒子(입자)	米	6	11	1급
▶	위	位	자리 위	位置(위치)	亻	2	7	5급
	리	涖	임하다 리		氵	3	10	특급
		莅	임하다 리	莅國(이국)	⺿	4	11	특급
咅	부	咅	침 부/뱉다 주		口	3	8	
		剖	쪼개다 부	剖檢(부검)	刂	2	10	1급
		掊	그러모으다 부	掊克(부극)	扌	3	11	특급
▶		部	떼 부	部分(부분)	阝	3	11	6급
	보	菩	보살 보	菩薩(보살)	⺿	4	12	1급
▶	배	倍	곱 배	倍加(배가)	亻	2	10	5급
		培	북돋우다 배/언덕 부 培養(배양) 培堆(부퇴)		土	3	11	3급

陪	모시다 배	陪席(배석)	阝	3	11	1급
焙	불쬐다 배	焙燒(배소)	火	4	12	특급
賠	물어주다 배	賠償(배상)	貝	7	15	2급

131. 氺

氺	수	氷	물 수		氺	5	5	
	도	半	나아가다 도	率(률)	十	2	6	
	연	囦	못 연		口	3	8	

录	록	录	새기다 록		彐	3	8	특급
		菉	조개풀·푸르다 록	菉竹(녹죽)	++	4	12	특급
		碌	푸른 돌·(구리에 낀)녹 록	碌靑(녹청)	石	5	13	1급
		祿	녹 록	祿俸(녹봉)	示	5	13	3급
▶		綠	푸르다 록	綠色(녹색)	糸	6	14	**6급**
		錄	기록(記錄)하다 록/사실하다 려	登錄(등록) 錄奏(여주)	金	8	16	4급

| 剝 | 박 | 剝 | 벗기다 박 | 剝皮(박피) | 刂 | 2 | 10 | 1급 |
| | | � | 돌을 쌓다 박/자갈 착 | | 石 | 5 | 15 | |

132. 皿

皿	망	皿	그물 망/눈 목		皿	5	5	
		罒	그물 망		网	6	5	
岡	망	岡	그물 망		网	6	5	
	강	岡	산등성이 강	岡阜(강부)	山	3	8	2급
▶	매	買	사다 매	買入(매입)	貝	7	12	5급
		懊	심란하다 매		忄	3	15	
		瞶	훔쳐보다 매		目	5	17	
		糶	자규 매		隹	8	20	

133. 衤

衤	의	衤	옷 의		衤	5	5	
	은	䘤	고기쪼이다 은	= 衾	火	4	9	
▶	초	初	처음 초	初級(초급)	刀	2	7	5급
		觕	쇠뿔 초		牛	4	11	
	눈	嫩	연약하다 눈		生	5	12	

134. 旦

旦	단	旦	아침 단	元旦(원단)	日	4	5	3급
		但	다만 단	但只(단지)	亻	2	7	3급
		袒	벗어메다 단	袒肩(단견)	衤	5	10	특급
	달	怛	슬프다 달	怛傷(달상)	忄	3	8	특급
		疸	황달 달	黃疸(황달)	疒	5	10	1급
	탄	坦	평탄하다 탄	平坦(평탄)	土	3	8	1급
▶	사	査	조사하다 사	調査(조사)	木	4	9	5급
		渣	찌꺼기 사	渣滓(사재)	氵	3	12	특급
		瘥	병 이름 사		疒	5	14	
亶	단	亶	믿다·진실로 단 날다 선	杏亶(행단) 亶翔(선상)	亠	2	13	특급
		靣	곳집 름		亠	2	8	
▶		壇	제단 단	祭壇(제단)	土	3	16	5급
		檀	박달나무 단	檀君(단군)	木	4	17	4급
		襢	웃통벗다 단 소담하다·점잖다	襢裼(단석) 襢衣(전의)	衤	5	18	특급
	선	嬗	물려주다 선		女	3	16	
	전	氈	모전(毛氈)·담요 전	廈氈(하전)	毛	4	17	1급

		邅	머뭇거리다 전	邅蹇(전건)	辶	4	17	특급
		顫	떨다 전	手顫(수전)	頁	9	22	1급
		鱣	전어 전·드렁허리 선	鱣魚(전어)	魚	11	24	특급
	천	擅	멋대로 하다 천	擅斷(천단)	扌	3	16	1급
▶	량	量	헤아리다 량	度量(도량)	里	7	12	5급
		糧	양식 량	糧食(양식)	米	6	18	4급
		饟	양식 량		食	9	21	

135. 㠯

㠯	이	㠯	으로써 이		己	3	5	
		苢	질경이 이	芣苢(부이)	++	4	9	특급
	사	耜	보습·따비 사	犁耜(이사)	耒	6	11	특급
		梠	보습 사		木	4	9	
	관	官	벼슬 관	官吏(관리)	宀	3	8	4급
	견	畁	흙덩이 견		口	3	10	
𠂤	퇴	𠂤	흙더미 퇴		丿	1	6	
		㙐	쌓다 퇴		土	3	9	
		䜖	꾸짖다 퇴		言	7	13	

수	帥	장수(將帥) 수 거느리다 솔	總帥(총수) 帥先(솔선)	巾	3	9	3급
추	椎	망치 추		木	4	10	
	追	쫓다·따르다 추 갈다 퇴	追求(추구) 追琢(퇴탁)	辶	4	10	3급
사	師	스승 사	師父(사부) 教師(교사)	巾	3	10	4급
	帀	두르다 잡		巾	3	4	

136. 合

合	연	合	수렁 연/공평하다 공		口	3	5	
		沿	따라가다·따르다 연	沿岸(연안)	氵	3	8	3급
		鉛	납 연	鉛筆(연필)	金	8	13	4급
▶	선	船	배 선	船舶(선박)	舟	6	11	5급
		臽	채반 선		匚	2	7	
	송	枀	소나무 송		木	4	9	
	경	冏	빛나다 경		冂	2	7	특급
兌	태	兌	바꾸다·기쁘다 태	兌換(태환)	儿	2	7	2급
		駾	달리다 태	駾喙(태훼)	馬	10	17	특급
	열	悅	기쁘다 열	悅樂(열락)	忄	3	10	3급
		閱	보다(覽) 열	閱覽(열람)	門	8	15	3급

예	銳	날카롭다 예	銳敏(예민)	金	8	15	3급
	硯	갈아 없애다 예		石	5	12	
▶ 설	說	말씀 설/달래다 세/기뻐하다 열 說明(설명) 遊說(유세) 說樂(열락)		言	7	14	5급
세	帨	수건 세	帨手(세수)	巾	3	10	특급
	稅	구실·세금 세 추복입다 태 풀다 탈 수의 수	稅金(세금) 稅喪(태상) 稅駕(탈가) 稅衣(수의)	禾	5	12	4급
탈	脫	벗다 탈 기뻐하다 태	逸脫(일탈) 脫然(태연)	肉	4	11	4급
	梲	막대기 탈 동자기둥 절	梲杖(탈장) 梲藻(절조)	木	4	11	특급

137. 去

▶ 거	去	가다 거	去年(거년)	ム	2	5	5급
	祛	떨어 없애다 거	祛痰(거담)	示	5	10	특급
	袪	소매·흩다 거	袪弊(거폐)	衤	5	10	특급
걸	朅	떠나다 걸		日	4	14	특급
	曷	어찌 갈		日	4	9	
	匃	빌다 개		勹	2	5	
겁	劫	위협(威脅)하다 겁	劫掠(겁략)	力	2	7	1급
	怯	겁내다 겁	食怯(식겁)	忄	3	8	1급
	迲	지레(單位) 겁		辶	4	9	특급

却	각	却	물리치다·물러나다 각	却下(각하)	卩	2	7	3급
		脚	다리 각	脚光(각광)	肉	4	11	3급
		痏	부스럼 각		疒	5	12	
▶	법	法	법 법	法律(법률)	氵	3	8	5급
		琺	법랑 법	琺瑯(법랑)	王	4	12	특급
	활	闊	넓고 크다 활		門	8	16	

138. 可

▶	가	可	옳다 가/군주칭호 극	可否(가부)	口	3	5	5급
		丁	넷째천간 정		一	1	2	
		呵	꾸짖다 가	呵責(가책)	口	3	8	1급
		柯	가지 가	柯葉(가엽)	木	4	9	2급
		苛	가혹하다 가	苛酷(가혹)	++	4	9	1급
		軻	수레·사람 이름 가	孟軻(맹가)	車	7	12	2급
	아	阿	언덕·알랑거리다 아 호칭 옥	阿諂(아첨)	阝	3	8	3급
		鉶	노구솥 아		金	8	13	
	하	何	어찌·무엇 하	何等(하등)	亻	2	7	3급
▶		河	물 하	河川(하천)	氵	3	8	5급

139. 由

▶	유	由	말미암다 유	自由(자유)	田	5	5	6급
▶		油	기름 유	油價(유가)	氵	3	8	6급
		柚	유자 유	柚子(유자)	木	4	9	1급
		秞	곡식무성하다 유	秞秞(유유)	禾	5	10	특급
		釉	광택(光澤) 유	釉藥(유약)	采	7	12	특급
	수	岫	산굴 수		山	3	8	특급
		岫	산굴 수	巖岫(암수)	山	3	8	특급
		袖	소매 수	袖手傍觀(수수방관)	衤	5	10	1급
	주	宙	집 주	宇宙(우주)	宀	3	8	3급
		冑	투구 주	甲冑(갑주)	冂	2	9	특급
		胄	자손 주	胄裔(주예)	肉	4	9	1급
		紬	명주(明紬) 주	綿紬(면주)	糸	6	11	1급
	추	抽	뽑다 추	抽出(추출)	扌	3	8	3급
	축	妯	동서 축/슬퍼하다 추		女	3	8	특급
		軸	굴대 축	車軸(차축)	車	7	12	2급
	적	迪	나아가다 적	啓迪(계적)	辶	4	9	특급
		笛	피리 적	汽笛(기적)	竹	6	11	3급

140. 甲

甲	갑	甲	갑옷 갑		甲骨(갑골)	田	5	5	4급
		岬	곶(串) 갑		沙岬(사갑)	山	3	8	2급
	압	押	누르다 압		押收(압수)	扌	3	8	3급
		鴨	오리 압		鴨綠江(압록강)	鳥	11	16	2급
單	단	單	홑 단 　　單價(단가) 單純(단순) 오랑캐임금 선 　　單于(선우)			口	3	12	4급
		吅	부르짖다 훤			口	3	6	
		畾	머무르다 류		= 留	田	5	11	
		鄲	조나라 서울 단		邯鄲(한단)	阝	3	15	특급
		癉	앓다 단		癉瘧(단학)	疒	5	17	특급
		簞	소쿠리·밥그릇 단		簞食(단사)	竹	6	18	1급
	탄	僤	빠르다·걸어가는 모양 탄	俛僤(완탄)		亻	2	14	특급
		嘽	헐떡거리다 탄 느릿하다 천		嘽嘽(탄탄) 嘽緩(천완)	口	3	15	특급
		彈	탄알·힐책하다 탄		彈劾(탄핵)	弓	3	15	4급
		憚	꺼리다 탄 　　憚服(탄복) 忌憚(기탄)			忄	3	15	1급
		殫	다하다 탄		殫竭(탄갈)	歹	4	16	특급
		驒	연전총(連錢驄)·갈기온 탄			馬	10	22	특급
	선	墠	제사터 선 너그럽다·느릿하다 천		墠帷(선유) 墠然(천연)	土	3	15	특급

		嬋	곱다 선		嬋娟花(선연화)	女	3	15	특급
		禪	좌선(坐禪)・봉선(封禪) 선	禪宗(선종)		示	5	17	3급
		蟬	매미 선		蟬殼(선각)	虫	6	18	특급
▶	전	戰	싸움 전		戰爭(전쟁)	戈	4	16	6급
	천	幝	찢어지다 천		幝幝(천천)	巾	3	15	특급
		燀	밥짓다 천		燀爀(천혁)	火	4	16	
		闡	열다・밝히다 천		闡明(천명)	門	8	20	1급
	치	觶	술잔・뿔잔 치			角	7	19	특급

141. 申

申	신	申	거듭・납(猿) 신		申告(신고)	田	5	5	4급
		伸	펴다 신		伸張(신장)	亻	2	7	3급
		呻	읊조리다 신		呻吟(신음)	口	3	8	1급
▶		神	귀신 신		神經(신경)	示	5	10	6급
		紳	띠(帶)・벼슬아치 신		紳士(신사)	糸	6	11	2급
	곤	坤	땅 곤	坤命(곤명)	坤宮(곤궁)	土	3	8	3급
	창	暢	화창하다・펴다 창		和暢(화창)	日	4	14	3급
		昜	볕 양			日	4	14	특급

142. 乍

乍	사	乍	잠깐 사	乍晴(사청)	ノ	1	5	특급
		詐	속이다 사	詐欺(사기)	言	7	12	3급
		砟	비석·빗돌 사		石	5	10	
▶	작	作	짓다 작	作家(작가)	亻	2	7	**6급**
▶		昨	어제 작	昨今(작금)	日	4	9	**6급**
		柞	떡갈나무 작	柞樹(작수)	木	4	9	특급
		炸	터지다 작	炸藥(작약)	火	4	9	1급
	조	阼	동편 섬돌 조	阼階(조계)	阝	3	8	특급
		祚	복(福)·임금자리 조	聖祚(성조)	示	5	10	2급
		殂	죽다 조		歹	4	9	
	초	酢	식초 초/잔돌리다 작	食酢(식초) 酬酢(수작)	酉	7	12	특급
窄	착	窄	좁다 착	狹窄(협착)	穴	5	10	1급
		搾	짜내다 착	搾取(착취)	扌	3	13	1급

143. 且

且	차	且	버금·또 차 (戶 모자 모)	且看(차간)	一	1	5	3급
		虘	모질다 차		虍	6	11	
	저	咀	씹다·저주하다 저	咀嚼(저작)	口	3	8	1급
		狙	원숭이·노리다 저	狙擊(저격)	犭	3	8	1급
		罝	그물 저		罒	5	10	특급
		詛	저주하다 저	詛呪(저주)	言	7	12	1급
		齟	어긋나다 저/서	齟齬(저어)	齒	15	20	특급
	조	徂	가다 조	徂征(조정)	彳	3	8	특급
		阻	험하다·막히다 조	隔阻(격조)	阝	3	8	1급
		祖	할아비 조	祖上(조상)	示	5	10	7급
		租	조세 조	租稅(조세)	禾	5	10	3급
		粗	거칠다 조	粗惡(조악)	米	6	11	1급
		組	짜다 조	組織(조직)	糸	6	11	4급

144. 冊

| 冊 | 종 | 冊 | 구멍 종 | | 冂 | 2 | 5 | |

	㸒	따르다 종			ノ	1	6
작	爵	벼슬 작		= 爵	穴	5	10
편	扁	작다 편	扁桃腺(편도선)		戶	4	9	2급
侖 룬	侖	생각하다·둥글다 륜			人	2	8	특급
	倫	인륜·무리 륜	倫理(윤리)		亻	2	10	3급
	崙	산 이름 륜	崑崙山(곤륜산)		山	3	11	2급
	淪	빠지다 륜	淪落(윤락)		氵	3	11	1급
	綸	벼리 륜	經綸(경륜)		糸	6	14	1급
	輪	바퀴 륜	輪廓(윤곽)		車	7	15	4급
론	論	논하다 론	論難(논란)		言	7	15	4급
	惀	생각하다 론			忄	3	11	

145. 尙

尙	尙	음 미상			口	3	8
상	裳	치마 상	衣裳(의상)		衣	6	14	3급
당	棠	아가위 당	海棠花(해당화)		木	4	12	1급
▶ 당	堂	집 당	堂堂(당당) 講堂(강당)		土	3	11	6급
	螳	버마재비(사마귀) 당	螳螂(당랑)		虫	6	17	1급

	鐺	종고소리 당	鐺鈀(당파)	金	8	19	특급
	溏	시내 당		氵	3	14	
▶ 상	賞	상주다 상	懸賞(현상)	貝	7	15	5급
	償	갚다 상	償還(상환)	亻	2	17	3급
	贘	상주다 상		貝	7	22	
	鑝	바퀴 테 두른 쇠 상		金	8	23	
▶ 당	當	마땅 당	該當(해당)	田	5	13	5급
	鐺	쇠사슬 당/솥 쟁	鐺口(당구)	金	8	21	특급
	儻	팔 물건 없다 당		亻	2	15	
	螳	사마귀 당		虫	6	19	

146. 竹

| 竹 | 죽 | 竹 | 대 죽 | | 竹林(죽림) | 竹 | 6 | 6 | 4급 |

147. 米

▶	미	米	쌀 미	米穀(미곡)	米	6	6	6급
		敉	어루만지다 미	敉寧(미녕)	攵	4	10	특급
		麋	고라니 미	麋鹿(미록)	鹿	11	17	특급
▶	료	料	헤아리다 료	料金(요금)	斗	4	10	5급
	뢰	纇	비슷하다 뢰/죽 미	類(류)	頁	9	15	
迷	미	迷	미혹하다 미	迷惑(미혹)	辶	4	10	3급
		謎	수수께끼 미	猜謎(시미)	言	7	17	특급
		眯	애꾸눈 미		目	5	15	
		醚	취하다 미		酉	7	17	

148. 糸

| 糸 | 멱 | 糸 | 가는 실 멱/실 사 | | 糸 | 6 | 6 | 특급 |

	청	聽	듣다 청		耳	6	12	
絲	사	絲	실 사	螺絲(나사)	糸	6	12	4급
	련	戀	어지럽다 련		言	7	19	

149. 缶

缶	부	缶	장군 부	= 缶 缶器(부기)	缶	6	6	특급
		烏	찌다 · 삶다 부		灬	4	10	
		皕	희다 부		白	5	11	
	도	匋	질그릇 도	匋文(도문)	勹	2	8	
	사	卸	(짐을)풀다 · 부리다 사	卸賣(사매)	卩	2	8	

150. 羊

羊	양	羊	양 양	羊毛(양모)	羊	6	6	4급
		佯	거짓 양	佯言(양언)	亻	2	8	특급
▶		洋	큰 바다 · 서양(西洋) 양	海洋(해양)	氵	3	9	6급
		恙	병 · 근심하다 양 心恙(심양)	微恙(미양)	心	4	10	1급
		癢	가렵다(癢) 양	搔痒(소양)	疒	5	11	특급

	강	姜	성씨 강	姜太公(강태공)	女	3	9	2급
	상	庠	학교 상	庠校(상교)	广	3	9	2급
		祥	상서(祥瑞)롭다 상	發祥(발상)	示	5	11	3급
		翔	날다 상	飛翔(비상)	羽	6	12	1급
		詳	자세하다 상	詳細(상세)	言	7	13	3급
	장	牂	암양 장	敦牂(돈장)	爿	4	10	특급
▶	양	養	기르다 양	養成(양성)	食	9	15	**5급**
		瀁	내 이름·넓다 양		氵	3	18	특급
		癢	가렵다 양	伎癢(기양)	疒	5	20	1급
		懩	바라다·가렵다 양		忄	3	18	
▶	선	鮮	곱다·생선(生鮮 선	鮮明(선명)	魚	11	17	**5급**
		蘚	이끼 선	蘚苔(선태)	++	4	21	특급
		癬	옴·버짐 선	乾癬(건선)	疒	5	22	특급
		躚	춤추다 선		𧾷	7	24	
差	차	差	다르다 차	差異(차이)	工	3	10	4급
		嵯	가파르다 차	嵯峨(차아)	山	3	13	특급
		嗟	탄식(歎息·嘆息)하다 차	嗟歎(차탄)	口	3	13	1급
		瑳	곱다·옥빛 차		王	4	14	특급

		磋	갈다(磨) 차	切磋琢磨(절차탁마)	石	5	15	특급
		蹉	미끄러지다 차	蹉跌(차질)	足	7	17	1급
		瘥	병이 낫다 차/채	瘥度(차도)	疒	5	15	특급
	사	傞	취하여 춤추다 사		亻	2	12	특급
▶	착	着	붙다 착	到着(도착)	目	5	12	5급
		搋	치다 착/두다 작		扌	3	15	
	저	褚	치장하다 저		礻	5	17	

151. 耳

▶	이	耳	귀 이	耳目(이목)	耳	6	6	5급
		刵	귀베다 이	刵形(이형)	刂	2	8	특급
		珥	귀고리 이	玉珥(옥이)	王	4	10	2급
		餌	미끼 이	軟餌(연이)	食	9	15	1급
	미	弭	활고자·그치다 미	弭災(미재)	弓	3	9	특급
	치	恥	부끄럽다 치	恥辱(치욕)	心	4	10	3급
取	취	取	가지다 취	取得(취득)	又	2	8	4급
		娶	장가들다 취	娶禮(취례)	女	3	11	1급
		趣	뜻 취	趣味(취미)	走	7	15	4급

	추	椎	나무 이름 추		木	4	12	특급
		緅	검붉다 추		糸	6	14	특급
		諏	묻다·가리다 추	諏吉(추길)	言	7	15	특급
▶	최	最	가장 최	最近(최근)	曰	4	12	5급
		嘬	깨물다 최	嘬嚼(최참)	口	3	15	특급
	촬	撮	모으다·사진찍다 촬	撮影(촬영)	扌	3	15	1급
		繓	맺다 촬		糸	6	18	

152. 聿

聿	율	聿	붓 율		聿	6	6	특급
		絟	묶다 율		糸	6	12	
	률	律	법칙 률	法律(법률)	彳	3	9	4급
▶	필	筆	붓 필	筆筒(필통)	竹	6	12	5급
	진	津	나루·진액 진	蟾津江(섬진강)	氵	3	9	2급
▶	서	書	글 서	書翰(서한)	曰	4	10	6급
▶	주	晝	낮 주	晝夜(주야)	曰	4	11	6급
		旦	아침 단		曰	4	5	
▶	건	建	세우다 건	建設(건설)	廴	3	9	5급

- 161 -

▶		健	굳세다 건		健壯(건장)	亻	2	11	5급
		腱	힘줄 건		腱鞘(건초)	肉	4	13	1급
		楗	문빗장 건		楗椎(건추)	木	4	13	특급
		鍵	열쇠 건		關鍵(관건)	金	8	17	2급
▶	화	畫	그림 화 긋다 획(劃)		畫面(화면) 畫數(획수)	田	5	12	6급
		田	연기 연		=煙	田	5	6	
		樺	자작나무 화			木	4	16	
		鱯	물고기 이름 화			魚	11	23	
	획	劃	쪼개다·긋다 획		劃一(획일)	刂	2	14	3급
		馘	맵다 획			辛	7	19	
▶	쟁	爭	다투다 쟁		爭訟(쟁송)	爪	4	8	5급
		崢	가파르다 쟁			山	3	11	
		箏	쟁(악기 이름) 쟁		牙箏(아쟁)	竹	6	14	특급
		諍	간하다 쟁		諍亂(쟁란)	言	7	15	특급
		錚	쇳소리 쟁		錚盤(쟁반)	金	8	16	1급
	정	淨	깨끗하다 정		淨化(정화)	氵	3	11	3급
		婷	편안하다 정			立	5	13	
靜	정	靜	고요하다 정		靜肅(정숙)	靑	8	16	4급

		瀞	맑다 정		氵	3	19	특급

153. 臣

▶	신	臣	신하 신	臣下(신하)	臣	6	6	5급
		炬	불꽃 신		火	4	10	
	진	姫	삼가다 진		女	3	9	
		搢	닦다 진		扌	3	9	

154. 至

至	지	至	이르다 지	夏至(하지)	至	6	6	4급
		輊	수레(숙어지다) 지		車	7	13	특급
	질	姪	조카 질	姪婦(질부)	女	3	9	3급
		桎	차꼬·쐐기 질	桎檻(질함)	木	4	10	1급
▶	옥	屋	집 옥	家屋(가옥)	尸	3	9	5급
		剭	목베다 옥		刂	2	11	
	악	幄	휘장(揮帳)·장막(帳幕) 악		巾	3	12	특급
		握	쥐다 악	握手(악수)	扌	3	12	2급

		渥	두텁다·담그다 악	渥縟(악욕)	氵	3	12	특급
		齷	악착하다 악	齷齪(악착)	齒	15	24	특급

155. 臼

臼	구	臼	절구 구	臼磨(구마)	臼	6	6	1급
		粂	미숫가루 구		米	6	12	
		詯	헐뜯다 구		言	7	13	
		鵴	산비둘기 구		鳥	11	17	
	부	裒	모으다 부	裒合(부합)	衣	6	13	특급
		昌	햇빛 부		日	4	10	
▶	아	兒	아이 아/성씨 예	兒童(아동)	儿	2	8	5급
		絻	비단 아		糸	6	14	
	예	倪	어리다 예	髦倪(모예)	亻	2	10	특급
		堄	성(城)가퀴 예	埤堄(비예)	土	3	11	특급
		猊	사자 예	猊座(예좌)	犭	3	11	특급
		睨	흘겨보다 예	睥睨(비예)	目	5	13	특급
		輗	끌채의 끝 쐐기 예		車	7	15	특급
		霓	무지개 예/역	虹霓(홍예)	雨	8	16	특급

	麑	사자(獅子)·사슴새끼 예		鹿	11	19	특급
역	鶂	거위소리 역/예		鳥	11	19	특급
	厄	척박하다 역		厂	2	10	

156. 舛

舛	천	舛	어그러지다 천	舛駁(천박)	舛	6	6	특급
		荈	늦게 딴 차 잎 천		++	4	10	
		箈	대꼬챙이 천		竹	6	12	
	걸	桀	홰·하왕 이름 걸	桀驁(걸오)	木	4	10	2급
	린	粦	도깨비불 린		米	6	12	

157. 艮

艮	간	艮	괘 이름·어긋나다 간	艮卦(간괘)	艮	6	6	2급
		恳	정성스럽다 간		心	4	10	
	안	眼	눈 안	眼目(안목)	目	5	11	4급
		餩	굶주리다 안		食	9	15	
	한	恨	한(怨) 한	恨歎(한탄)	忄	3	9	4급
		限	한하다·지경 한	限界(한계)	阝	3	9	4급

은	垠	지경 은	垠際(은제)	土	3	9	2급
▶	銀	은 은	銀行(은행)	金	8	14	6급
흔	痕	흔적 흔	痕迹(흔적)	疒	5	11	1급
	挶	끌어당기다 흔		扌	3	9	
▶ 근	根	뿌리 근	根本(근본)	木	4	10	6급
	觔	묶다 근		韋	9	15	

158. 行

▶ 행	行	다니다 행 대열·순서 항	行爲(행위) 行列(항렬)	行	6	6	6급
	荇	노랑어리연꽃·마름 행		++	4	10	특급
항	桁	차꼬 항 도리 형	桁柳(항류) 桁橋(형교)	木	4	10	특급
형	珩	패옥(佩玉) 형	蔥珩(총형)	王	4	10	특급

159. 衣

▶ 의	衣	옷 의	衣服(의복)	衣	6	6	6급
	依	기대다 의	依賴(의뢰)	亻	2	8	4급
	扆	병풍 의	寶扆(보의)	戶	4	10	특급
	陭	비탈 의		阝	3	9	

애	哀	슬프다 애	哀乞(애걸) 哀惜(애석)	口	3	9	3급

160. 襾

襾	아	襾	덮다 아		襾	6	6
		覀	덮다 아		襾	6	6
	속	粟	조 속	黍粟(서속)	米	6	12	3급
	률	栗	밤 률	棗栗(조율)	木	4	10	3급
	표	票	표 표	投票(투표)	示	5	11	4급
賈	가	賈	값·성씨 가/사다·장사 고	賈市(고시)	貝	7	13	2급
▶		價	값 가	價格(가격)	亻	2	15	5급
		檟	개오동나무 가	檟木(가목)	木	4	17	특급
		瞁	보다 가		目	5	18	

161. 吉

▶	길	吉	길하다 길	吉凶(길흉)	口	3	6	5급
		佶	헌걸차다 길	佶屈(길굴)	亻	2	8	특급
		姞	삼가다 길		女	3	9	특급

		拮	일하다·버티다 길	拮据(길거)	扌	3	9	1급
		桔	도라지 길	桔梗(길경)	木	4	10	특급
	힐	詰	꾸짖다 힐	詰難(힐난)	言	7	13	1급
		鞊	가죽 힐		革	9	15	
	할	劼	삼가다 할		力	2	8	특급
		齰	깨물다 할		齒	15	21	
	결	袺	옷섶을 잡다 결/길		衤	5	11	특급
▶		結	맺다 결	結果(결과)	糸	6	12	5급
	갈	秸	볏짚 갈	藁秸(고갈)	禾	5	11	특급
		刮	벗기다 갈		刂	2	8	
頡	힐	頡	목이 뻣뻣하다 힐	倉頡(창힐)	頁	9	15	
		襭	옷자락을 걷다 힐		衤	5	20	특급
袁	원	袁	성씨 원		衣	6	10	2급
▶		園	동산 원	園藝(원예)	囗	3	13	6급
		猿	원숭이 원	猿人(원인)	犭	3	13	1급
▶		遠	멀다 원	遠近(원근)	辶	4	14	6급
		轅	끌채 원	轅下之駒(원하지구)	車	7	17	특급

162. 曲

	곡	曲	굽다 곡	曲線(곡선)	曰	4	6	5급
▶		蚰	지렁이 곡		虫	6	18	
		髷	고수머리 곡		髟	10	16	
	국	麯	누룩 국		麥	11	17	
豊	풍	豊	풍년(豐年) 풍 예도 예	豊饒(풍요) 禮의 고자	豆	7	13	4급
		䴲	볶은 보리 풍		麥	11	24	
	례	澧	물 이름 례		氵	3	16	특급
▶		禮	예도 례	禮道(예도)	示	5	18	6급
		醴	단술(甘酒) 례	甘醴(감례)	酉	7	20	2급
		鱧	가물치 례	鱧魚(예어)	魚	11	24	특급
▶	체	體	몸 체	體系(체계)	骨	10	23	6급
		膿	몸 체		肉	4	17	
艷	염	艷	곱다 염	艷書(염서)	色	6	19	1급
		孾	곱다 염		女	3	22	
		灔	출렁거리다 염		氵	3	22	

163. 戌

戌	술	戌	개 술	戌時(술시)	戈	4	6	3급
		珬	자개 술		王	4	10	
		諏	꾀이다 술/수		言	7	13	
咸	함	咸	다·모두 함	咸告(함고)	口	3	9	3급
		喊	소리치다 함	喊聲(함성)	口	3	12	1급
		緘	봉하다 함	緘口(함구)	糸	6	15	1급
		諴	화동(和同)하다 함	諴民(함민)	言	7	16	특급
		鹹	소금·짜다 함 海鹹河淡(해함하담)	鹵	11	20	1급
	암	䯀	뼈가 불거지다 암		骨	10	19	
		黤	검다 암		黑	12	20	
	감	減	덜다 감		冫	2	11	특급
		減	덜다 감	減少(감소)	氵	3	12	4급
	잠	箴	경계(警戒) 잠	箴言(잠언)	竹	6	15	1급
	침	鍼	바늘 침	鍼術(침술)	金	8	17	1급
▶	감	感	느끼다 감	感情(감정)	心	4	13	6급
		憾	섭섭하다 감	憾情(감정)	忄	3	16	2급

		撼	흔들다 감			扌	3	16
		壈	평평하지 않다 감			土	3	16
觱	필	觱	피리·쌀쌀하다 필	觱篥(필률)	角	7	16	특급
		滭	샘이 용솟다 필			氵	3	19
		篳	피리 필			竹	6	22
烕	혈	烕	없애다 혈/꺼지다 멸			火	4	10
	멸	滅	꺼지다·멸하다 멸	滅亡(멸망)	氵	3	13	3급
		减	꺼지다·멸하다 멸			氵	2	12
		搣	비비다 멸			扌	3	13
▶	세	歲	해 세	歲月(세월)	止	4	13	5급
		檅	작은 관(棺) 세			木	4	17
	예	穢	더럽다 예	穢土(예토)	禾	5	18	1급
		濊	깊다·종족 이름 예	濊貊(예맥)	氵	3	16	2급

164. 百

百	백	百	일백·모두 백	百姓(백성)	白	5	6	7급
		佰	일백·우두머리 백			亻	2	8	특급

		栢	측백(柏) 백	側柏(측백)	木	4	10	특급
	맥	陌	길·두렁 맥	阡陌(천맥)	阝	3	9	특급
		貊	맥국 맥	貊國(맥국)	豸	7	13	2급
		駬	노새 맥		馬	10	16	
▶	숙	宿	자다 숙 별자리 수	宿泊(숙박) 星宿(성수)	宀	3	11	5급
		摍	뽑다 숙		扌	3	14	
		潃	젖다 숙		氵	3	14	
	축	縮	줄이다 축	縮小(축소)	糸	6	17	4급
		蹜	종종걸음치다 축		𧾷	7	18	특급
		膗	모자라다 축		肉	4	15	
	수	籍	휘·열녀섯 말 수		竹	6	16	
		鏥	녹슬다 수		金	8	19	

165. 关

关	권	券	문서·엄쪽 권	券契(권계)	刀	2	8	4급
		卷	책·두루마리·말다 권	卷數(권수)	卩	2	8	4급
		劵	고달프다 권	(关음 미상)	力	2	8	
		綣	묶다 권	= 眷	糸	6	12	

166. 早

早	조	早	이르다 조	早期(조기)	日	4	6	4급
		郰	읍 이름 조		阝	3	9	
	초	草	풀 초	草木(초목)	++	4	10	7급
▶	장	章	글 장	文章(문장)	立	5	11	6급
		漳	물 이름·둑 장	漳衣(장의)	氵	3	14	특급
		獐	노루 장	避獐逢虎(피장봉호)	犭	3	14	2급
		障	막다 장	障壁(장벽)	阝	3	14	4급
		暲	밝다·해돋다 장		日	4	15	특급
		樟	녹나무 장	樟樹(장수)	木	4	15	특급
		璋	홀(圭) 장	圭璋(규장)	王	4	15	2급
	창	彰	드러나다 창	表彰(표창)	彡	3	14	2급
覃	담	覃	깊다·미치다 담 예리하다 염	覃慶(담경) 覃耜(염사)	襾	6	12	특급
		潭	연못 담	淸潭(청담)	氵	3	15	2급
		譚	크다·말씀 담	民譚(민담)	言	7	19	1급
		驔	정강이 흰 말 담		馬	10	22	특급
	점	簟	대자리 점	簟笠(점립)	竹	6	18	특급

| 徥 | 걷다 점 | 彳 | 3 | 15 |
| 鞰 | 안장깔개 점 | 革 | 9 | 21 |

167. 見

▶	견	見	보다 견 뵈옵다 현	見聞(견문) 謁見(알현)	見	7	7	5급
		悓	비유하다 견		忄	3	10	
		挸	닦다 견		扌	3	10	
	현	俔	염탐(廉探)하다 현		亻	2	9	특급
		峴	고개 현	峴山(현산)	山	3	10	2급
		晛	햇살 현		日	4	11	특급
▶		現	나타나다 현	現在(현재)	王	4	11	6급
		莧	비름 현	山莧菜(산현채)	++	4	11	특급
		睍	훔쳐보다 현		目	5	12	특급
	연	硯	벼루 연	硯滴(연적)	石	5	12	2급
		蹞	비틀거리다 연		𧾷	7	14	
	전	靦	부끄럽다 전	靦面(전면)	面	9	16	특급
萈	환	萈	뿔이 가는 산양 환	= 羦	++	4	12	
		羦	뿔이 가는 산양 환		羊	6	18	
	훤	囂	지껄이다 훤	= 嚾 嚾	口	3	23	
		㗊	뭇입 집·우레 뢰		口	3	12	
	관	寬	너그럽다 관	寬待(관대)	宀	3	15	3급

靚	정	靚	단장하다 정	靚服(정복)	靑	8	15	특급
		儬	차갑다 정		亻	2	17	
		瀞	차갑다 정		氵	3	18	

168. 角

▶	각	角	뿔 각/사람이름 록	角度(각도)	角	7	7	6급
		桷	서까래 각	桷產(각산)	木	4	11	특급
	곡	斛	휘·재다 곡	斛斗(곡두)	斗	4	11	특급
		殕	죽다 곡		歹	4	11	
	훼	劂	(털을 묶어) 좌우로 가르다 훼 解(해)		刂	2	9	

169. 言

▶	언	言	말씀 언	言語(언어)	言	7	7	6급
		唁	위문(慰問)하다 언	唁慰(언위)	口	3	10	특급
▶	신	信	믿다·미쁘다 신	信賴(신뢰)	亻	2	9	6급
	선	善	착하다 선		羊	6	13	
	저	這	이것 저	這番(저번)	辶	4	11	특급

獄	옥	獄	감옥(監獄) 옥	地獄(지옥)	犭	3	14	3급
		狋	개가 싸우다 은	= 狀	犭	3	7	
		嶽	감옥 옥		口	3	17	
	악	嶽	큰 산 악	淵嶽(연악)	山	3	17	특급
		鸑	봉황 악		鳥	11	25	
辯	변	辯	말씀 변	辯護(변호)	辛	7	21	4급
		辡	따지다 변		辛	7	14	
		籩	대쪽 변		竹	6	27	

170. 谷

谷	곡	谷	골 곡	谷風(곡풍)	谷	7	7	3급
		焓	불의 모양 곡		火	4	11	
	격	綌	칡베·굵은 갈포 격	絺綌(치격)	糸	6	13	특급
		欲	치다 격		攴	4	17	
	각	卻	물리치다 각		卩	2	9	특급
	극	郤	틈·구멍·여가 극		阝	3	10	특급
	유	裕	넉넉하다 유	餘裕(여유)	衤	5	12	3급
		祫	제사 유		示	5	12	

	욕	浴	목욕(沐浴)하다 욕	沐浴(욕실)	氵	3	10	5급
		雒	구관조 욕		隹	8	15	
	속	俗	풍속·속되다 속	俗談(속담)	亻	2	9	4급
		俗	풍속 속		彳	3	10	

171. 豆

豆	두	豆	콩 두	豆腐(두부)	豆	7	7	4급
		荳	콩·팥 두	紅荳(홍두)	++	4	11	특급
		逗	머무르다 두	逗留(두류)	辶	4	11	특급
		痘	역질 두	天然痘(천연두)	疒	5	12	1급
▶		頭	머리 두	頭腦(두뇌)	頁	9	16	6급
▶	단	短	짧다 단	長短(장단)	矢	5	12	6급
	췌	掫	재다·생각하다 췌		扌	3	15	

172. 豕

| 豕 | 시 | 豕 | 돼지 시 | | 豕 | 7 | 7 | 특급 |
| | | 闍 | 문 시 | | 門 | 8 | 15 | |

		髶	상투 시		髟	10	17
	가	家	집 가	家庭(가정)	宀	3	10	7급
㒸	수	㒸	드디어 수/해 세		八	2	9
		愫	사려깊다 수		忄	3	12
		㳦	밭도랑 수		氵	3	12
	세	瞘	눈이 밝다 세 (睸 두리번거리다 구)		目	5	19
隊	대	隊	무리 대	隊列(대열)	阝	3	12	4급
		霴	구름 모양 대		雨	8	20
	수	蔧	버섯같은 풀 수		++	4	16
		鐆	화경(火鏡) 수		金	8	20
	추	墜	떨어지다 추	墜落(추락)	土	3	15	1급
遂	수	遂	드디어 수	遂行(수행)	辶	4	13	3급
		隧	길(路) 수		阝	3	16	특급
		檖	산배 수		木	4	17	특급
		燧	봉화(烽火)수	烽燧軍(봉수군)	火	4	17	특급
		璲	패옥(佩玉)·노리개 수		王	4	17	특급
		穟	벼이삭 수		禾	5	18	특급

| 邃 | 수 | 邃 | 깊다 수 | 深邃(심수) | 辶 | 4 | 18 | 특급 |
| | | 窜 | 깊다 수 | | 穴 | 5 | 18 | |

173. 貝

貝	패	貝	조개 패	貝物(패물)	貝	7	7	3급
		唄	염불소리 패	歌唄(가패)	口	3	10	1급
		浿	강 이름 패	浿水(패수)	氵	3	10	특급
		狽	이리 패	狼狽(낭패)	犭	3	10	특급
▶		敗	패하다 패	敗北(패배)	攵	4	11	5급
	격	鶪	왜가리 격	烏鶪(오격)	鳥	11	18	특급
		雎	왜가리·때까치 격		隹	8	15	
	재	齎	가져가다 재/제; 재물 자 齎貸(재대) 齎用(자용)		齊	14	21	특급
▶	즉	則	곧 즉 법칙 칙	必死則生(필사즉생) 則效(칙효)	刂	2	9	5급
		崱	잇닿다 즉		山	3	12	
		㫷	곧 즉		日	4	13	
	측	側	곁·기울다 측	側近(측근)	亻	2	11	3급
		厠	뒷간 측	溷厠(혼측)	厂	2	11	특급
		廁	뒷간 측	廁間(측간)	广	3	12	특급

		惻	슬프다 측	惻隱(측은)	忄	3	12	1급
		測	헤아리다 측	測定(측정)	氵	3	12	4급

174. 赤

▶	적	赤	붉다 적	赤道(적도)	赤	7	7	5급
		浾	대추즙 적/정		氵	3	10	
	혁	烾	빛나다·붉다 혁		火	4	11	특급
		誮	다투다 혁		言	7	14	
亦	역	亦	또한·모두 역	亦是(역시)	亠	2	6	3급
		佅	감질나다 역		亻	2	8	
	혁	奕	크다 혁		大	3	9	특급
	적	迹	자취 적	痕迹(흔적)	辶	4	10	1급
		跡	발자취 적	奇跡(기적)	𧾷	7	13	3급

175. 身

▶	신	身	몸 신	身體(신체)	身	7	7	6급
		侽	임신하다 신		亻	2	9	

| | | 唒 | 읊조리다 신 | | | 口 | 3 | 10 | |
| 袽 | 길(넓고 긴 폭) 신 | | | ネ | 5 | 12 | |

176. 車

車	거	車	수레 거/차	車馬(거마)	車輛(차량)	車	7	7	7급
		硨	옥돌 거/차			石	5	12	
	고	庫	곳집 고		倉庫(창고)	广	3	10	4급
	진	陣	진치다 진		陣營(진영)	阝	3	10	4급
	참	斬	베다 참		斬首(참수)	斤	4	11	2급
專	전	專	오로지 전		專攻(전공)	寸	3	11	4급
▶		傳	전하다 전		傳達(전달)	亻	2	13	5급
		塼	벽돌(甎) 전		塼塔(전탑)	土	3	14	특급
		甎	벽돌 전		燒甎(소전)	瓦	5	16	
		轉	구르다 전		轉換(전환)	車	7	18	4급
▶	단	團	둥글다 단		團結(단결)	囗	3	14	5급
		慱	근심하다 단			忄	3	14	특급
		漙	이슬이 많다 단			氵	3	14	특급
	순	蓴	순채(蓴菜) 순			++	4	15	특급

177. 辛

辛	신	辛	맵다 신	辛苦(신고)	辛	7	7	3급
		莘	족두리풀 신		++	4	11	특급
		瘑	오한 신		疒	5	12	
	재	梓	가래나무 재	桐梓(동재)	木	4	11	특급
	성	騂	붉은 말·붉히다 성		馬	10	17	특급
彦	언	彦	선비 언	彦士(언사)	彡	3	9	2급
		諺	언문·속담 언	諺簡(언간)	言	7	16	1급
顔	안	顔	얼굴 안	顔面(안면)	頁	9	18	3급
		嚙	마구 지껄이다 안		口	3	21	
▶	산	産	낳다 산	産業(산업)	生	5	11	5급
		剷	깍다 산/찬		刂	2	13	
		嵼	굽어지다 산		山	3	14	
		摌	움직이다 산		扌	3	14	
▶	상	商	헤아리다·장사 상	商工(상공)	口	3	11	5급
		墒	밭을 갈다 상		土	3	14	

	謪	장사 상		言	7	18	
적	嫡	정실(正室) 적	嫡妾(적첩)	女	3	14	1급
	摘	따다 적	摘發(적발)	扌	3	14	3급
	滴	물방울 적	滴水(적수)	氵	3	14	3급
	敵	대적하다 적	對敵(대적)	攵	4	15	4급
	適	맞다 적	適應(적응)	辶	4	15	4급
	謫	귀양가다 적	謫所(적소)	言	7	18	1급
	鏑	살촉 적	鏑矢(적시)	金	8	19	특급
척	躑	머뭇거리다 척/발굽 적	躑躅(척촉)	𧾷	7	18	특급

178. 辰

辰	신	辰	때 신/별 진 辰夜(신야)	辰時(진시)	辰	7	7	3급
		娠	아이배다 신	姙娠(임신)	女	3	10	1급
		宸	대궐 신	宸宴(신연)	宀	3	10	1급
		晨	새벽 신	晨星(신성)	日	4	11	3급
		蜃	큰 조개 신	蜃氣樓(신기루)	虫	6	13	1급
	진	辰	별 진/때 신 辰時(진시)	辰夜(신야)	辰	7	7	3급
		振	떨치다 진	振作(진작)	扌	3	10	3급
		桭	처마 진		木	4	11	특급

		賑	구휼(救恤) 진	賑恤(진휼)	貝	7	14	특급
		震	우레 진	震天動地(진천동지)	雨	8	15	3급
▶	전	展	펴다 전	展望(전망)	尸	3	10	5급
		嫭	아리땁다 전		女	3	13	
		橌	나무가 길다 전		木	4	14	
		輾	돌아눕다·구르다 전 연자매 년	輾轉(전전) 輾子(연자)	車	7	17	1급
殿	전	殿	전각(殿閣) 전	宮殿(궁전)	殳	4	13	3급
		澱	앙금 전	沈澱(침전)	氵	3	16	1급
	둔	臀	볼기 둔	臀部(둔부)	肉	4	17	1급
		搷	볼기치다 둔		扌	3	16	

179. 邑

邑	읍	邑	고을 읍	= 阝 都邑(도읍)	邑	7	7	7급
		挹	(물에)뜨다·읍하다 읍	挹遜(읍손)	扌	3	10	특급
扈	호	扈	따르다 호	跋扈(발호)	戶	4	11	2급
		槴	통발 호		木	4	15	

巴	파	巴	꼬리 파		己	3	4	1급
		把	잡다 파	把握(파악)	扌	3	7	3급
		枇	비파(枇杷)나무 · 써레 파		木	4	8	특급
		爬	긁다 파	爬蟲類(파충류)	爪	4	8	1급
		芭	파초 파	芭蕉(파초)	艹	4	8	1급
		豝	암돼지 파		豕	7	11	특급
		琶	비파 파	琵琶(비파)	王	4	12	1급
肥	비	肥	살찌다 비	肥滿(비만)	肉	4	8	3급
		俷	등지다 비		亻	2	10	
		扉	헐다 비		戶	4	12	
		萉	피하다 비		艹	4	12	

180. 酉

酉	유	酉	닭 유	酉時(유시)	酉	7	7	3급
		酙	썩은 나무 유		厂	2	9	
		媰	못생기다 유		女	3	10	
		瘠	앓다 유		疒	5	12	

181. 釆

釆	변	釆	분별하다·나누다 변		釆	7	7	특급
▶	번	番	차례 번	番號(번호)	田	5	12	6급
		墦	무덤 번	墦肉(번육)	土	3	15	특급
		幡	깃발 번	黃幡(황번)	巾	3	15	특급
		燔	굽다 번	燔鹽(번염)	火	4	16	특급
		蕃	불다 번	蕃殖(번식)	++	4	16	1급
		翻	날다·뒤치다 번	翻譯(번역)	羽	6	18	특급
		飜	날다·옮기다 번	飜譯(번역)	飛	9	21	3급
	반	蟠	서리다 반	龍蟠虎踞(용반호거)	虫	6	18	1급
		磻	반계 반/번	磻溪(반계)	石	5	17	2급
	파	嶓	산 이름 파		山	3	15	특급
		播	뿌리다 파	播種(파종)	扌	3	15	3급
		皤	머리가 희다 파	皤翁(파옹)	白	5	17	특급

182. 里

里	리	里	마을 리	里落(이락)	里	7	7	7급
▶		理	다스리다 리	理由(이유)	王	4	11	6급
		裏	속 리	裏面(이면)	衣	6	13	3급
▶	동	童	아이 동	兒童(아동)	立	5	12	6급
		僮	아이·하인 동	家僮(가동)	亻	2	14	특급
		憧	동경하다 동	憧憬(동경)	忄	3	15	1급
		潼	물 이름 동	潼酪(동락)	氵	3	15	특급
		瞳	눈동자 동	瞳子(동자)	目	5	17	1급
		罿	새그물 동	罿羅(동라)	罒	5	17	특급
	종	鐘	쇠북 종	警鐘(경종)	金	8	20	특급
	당	幢	깃발 당	石幢(석당)	巾	3	15	특급
		撞	치다·부딪치다 당	撞着(당착)	扌	3	15	1급
	탄	疃	마당·짐승발자국 탄		田	5	17	특급

183. 束

▶	속	束	묶다 속		束縛(속박)	木	4	7	5급
		涑	헹구다 속			氵	3	10	특급
▶		速	빠르다 속		速度(속도)	辶	4	11	6급
		觫	곱송그리다 속		觳觫(곡속)	角	7	14	특급
		餗	죽(粥) 속	折足覆餗(절족복속)		食	9	16	특급
	송	悚	두렵다 송		悚懼(송구)	忄	3	10	1급
		竦	공경하다·두렵다 송		竦骨(송골)	立	5	12	특급
	소	疎	성기다 소		疎忽(소홀)	疋	5	12	1급
	칙	勅	칙서 칙		勅令(칙령)	力	2	9	1급
	랄	辣	맵다 랄		辛辣(신랄)	辛	7	14	1급
刺	랄	剌	발랄(潑剌)하다 랄		潑剌(발랄)	刂	2	9	1급
		㓨	털어내다 랄			巾	3	12	
		揦	찢다 랄			扌	3	12	
	라	喇	나팔·승려(僧侶) 라		喇叭(나팔)	口	3	12	특급
賴	뢰	賴	의뢰하다 뢰		依賴(의뢰)	貝	7	16	3급
		瀨	여울 뢰		水瀨(수뢰)	氵	3	19	특급

라	懶	게으르다 라 미워하다 뢰	懶怠(나태)	忄	3	19	1급
	癩	문둥이 라	癩病(나병)	疒	5	21	1급
달	獺	수달(水獺) 달	海獺(해달)	犭	3	19	특급
	獺	수달 달		豸	7	23	

184. 金

金	금	金	쇠 금·성씨 김	金融(금융)	金	8	8	8급
		惍	이롭다 금		忄	3	11	
		捦	붙잡다 금		扌	3	11	
		襟	옷깃 금		衤	5	13	
	음	崟	가파르다 음		山	3	11	
		磤	험준하다 음		石	5	13	
欽	흠	欽	공경하다 흠	欽慕(흠모)	欠	4	12	2급
		廞	벌려놓다 흠		广	3	15	
		撳	손으로 누르다 흠	=撳	手	4	16	
	음	嶔	우뚝 솟다 금		山	3	15	
		礆	가파르다 금		石	5	17	

185. 長

長	장	長	길다 장	長短(장단)	長	8	8	8급
		帳	장막 장	帳幕(장막)	巾	3	11	4급
		萇	보리수 장		++	4	12	특급

		糧	양식(糧食) 장			米	6	14	특급
	정	棖	문설주 정			木	4	12	특급
	창	悵	슬프다 창	悵缺(창결)	忄	3	11	특급
		脹	붓다 창	膨脹(팽창)	肉	4	12	1급
		韔	활집 창	韔箙(창복)	韋	9	17	특급
張	장	張	베풀다 장	誇張(과장)	弓	3	11	4급
		墏	부풀어 오르다 장		土	3	14	
		瘬	붓다 장/창		疒	5	19	
	창	漲	넘치다 창	漲溢(창일)	氵	3	14	1급
		膬	배부르다 창		肉	4	15	

186. 門

門	문	門	문 문	門前成市(문전성시)	門	8	8	8급
		問	묻다·찾다 문	問答(문답)	口	3	11	7급
▶		聞	듣다 문	見聞(견문)	耳	6	14	6급
	은	誾	온화(溫和)하다·향기 은		言	7	15	2급
悶	민	悶	답답하다 민	煩悶(번민)	心	4	12	1급
		燜	뜸들이다 민		火	4	16	

| | 문 | 憫 | 번민하다 문 | | 忄 | 3 | 15 | |
| | | 潣 | 가득하다 문 | | 氵 | 3 | 15 | |

187. 隶

隶	이	隶	미치다 이/대		隶	8	8	
		殔	임시로 묻다 이		歹	4	12	
	대	黱	검다 대		黑	12	20	
	예	劮	수고롭다 예		力	2	10	
	체	靆	구름끼다 체	(雲 구름 운)	雨	8	20	
		棣	산앵두나무·통하다 체 익숙하다 태	棣通(체통) 棣棣(태태)	木	4	12	특급
康	강	康	편안 강	康寧(강녕)	广	3	11	4급
		慷	슬프다 강	慷慨(강개)	忄	3	14	1급
		糠	겨 강	糟糠之妻(조강지처)	米	6	17	1급
		鱇	아귀 강	鮟鱇網(안강망)	魚	11	22	특급
		螶	잠자리 강		虫	6	17	

188. 隹

隹	추	隹	새 추		隹	8	8	
		椎	쇠몽치·등골 추	椎骨(추골)	木	4	12	1급
		錐	송곳 추	圓錐(원추)	金	8	16	1급
		騅	오추마(烏騅馬) 추		馬	10	18	특급
		鵻	비둘기 추	靑鵻(청추)	鳥	11	19	특급
		魋	상투 추/짐승 이름 퇴	魋結(추결)	鬼	10	18	특급
	퇴	堆	쌓다 퇴	堆積(퇴적)	土	3	11	1급
		轛	수레가 많다 퇴		車	7	15	
	이	饐	떡 이		食	9	17	
	치	稚	어리다 치	幼稚(유치)	禾	5	13	3급
	유	帷	휘장(揮帳)·장막 유		巾	3	11	특급
		蜼	원숭이 유		虫	6	14	
	수	誰	누구 수	誰何(수하)	言	7	15	3급
	준	准	비준 준	批准(비준)	冫	2	10	2급
崔	최	崔	성씨·높다 최		山	3	11	2급
		催	재촉하다 최	催眠(최면)	亻	2	13	3급
		漼	(눈이) 쌓이다 최		冫	2	13	특급

		摧	꺾다 최	摧折(최절)	扌	3	14	특급
		熣	그을음 최		火	4	15	
萑	환	萑	물억새 환 익모초 추	萑蕈(환제)	⺾	4	12	특급
		嚾	부르다 환		口	3	15	
▶	구	舊	예 구	舊式(구식)	臼	6	18	5급
翟	적	翟	꿩 적		羽	6	14	특급
		籊	가늘고 길다 적	䉤籊(삭적)	竹	6	20	특급
		糴	쌀을 사들이다 적		米	6	22	특급
		粂	쌀사다 적/섞다 잡		米	6	8	
		趯	뛰다 적/놀라다 약	趯然(적연)	走	7	21	특급
	탁	擢	뽑다 탁	拔擢(발탁)	扌	3	17	1급
		濯	씻다 탁	洗濯(세탁)	氵	3	17	3급
	약	躍	뛰다 약 빨리 달리다 적	躍進(약진) 躍躍(적적)	𧾷	7	21	3급
		癯	질병 약		疒	5	19	
▶	요	曜	빛나다 요	曜日(요일)	日	4	18	5급
		燿	비치다·빛나다 요	閃燿(섬요)	火	4	18	특급
	도	櫂	상앗대 도	櫂舟(도주)	木	4	18	특급
		繀	연두빛 도		糸	6	20	

189. 雨

▶	우	雨	비 우	雨水(우수)	雨	8	8	5급
		颶	비 우		風	9	17	
		鴮	새 이름 우		鳥	11	19	
	루	庽	새다 루		广	3	11	
屚	루	屚	새다 루		尸	3	11	
		漏	새다 루	漏泄(누설)	氵	3	14	3급
		蔅	절굿대 루		++	4	15	
		謱	갑자기 성내다 루		言	7	18	
		蹻	밟다 루		𧾷	7	18	

190. 靑

靑	청	靑	푸르다 청	靑綠(청록)	靑	8	8	8급
▶		淸	맑다 청	淸明(청명)	氵	3	11	6급
▶	정	情	뜻 정	情緖(정서)	忄	3	11	5급
猜	시	猜	시기(猜忌)하다 시	猜忌(시기)	犭	3	11	1급

| 천 | 蒨 | 꼭두서니 천 | | ++ | 4 | 15 | |

191. 非

非	비	非	아니다 비	非理(비리)	非	8	8	4급
		剕	발베다 비	剕罰(비벌)	刂	2	10	특급
		悱	표현을 못하다 비	悱憤(비분)	忄	3	11	특급
		悲	슬프다 비	悲劇(비극)	心	4	12	4급
		扉	사립문 비	柴扉(시비)	戶	4	12	1급
		斐	아롱지다·문채(文彩)나다 비		文	4	12	특급
		腓	장딴지 비	腓腸(비장)	肉	4	12	특급
		棑	도지개 비		木	4	12	특급
		菲	엷다 비	菲才(비재)	++	4	12	특급
		緋	비단(緋緞) 비	緋衲(비납)	糸	6	14	1급
		翡	물총새 비	翡翠(비취)	羽	6	14	1급
		蜚	바퀴·날다 비	蜚蟲(비망)	虫	6	14	1급
		誹	헐뜯다 비	誹謗(비방)	言	7	15	1급
		霏	눈 펄펄 내리다 비	紛霏(분비)	雨	8	16	특급
		騑	곁마 비	騑馬(비마)	馬	10	18	특급
	배	俳	배우 배	俳優(배우)	亻	2	10	2급

		徘	어정거리다 배		徘徊(배회)	彳	3	11	1급
		排	밀치다 배		排除(배제)	扌	3	11	3급
		裵	성씨 배			衣	6	14	2급
		裴	성씨 배			衣	6	14	특급
		輩	무리 배		輩出(배출)	車	7	15	3급
▶	죄	罪	허물 죄	罪悚(죄송)	犯罪(범죄)	罒	5	13	5급
		嶵	험준하다 죄			山	3	16	
		檌	줄이다 죄			木	4	17	
	최	糶	앵미 최			米	6	18	

192. 幸

▶	행	幸	다행(多幸) 행	幸福(행복)	干	3	8	6급
		倖	요행(僥倖·徼幸) 행	射倖(사행)	亻	2	10	특급
		悻	성내다 행	悻逆(행역)	忄	3	11	특급
		㹙	작다 행		矢	5	13	
		諱	직언하다 행		言	7	15	
達	달	達	통달하다 달	達成(달성)	辶	4	12	4급
		撻	때리다 달	鞭撻(편달)	扌	3	15	1급

濬		미끄럽다·배어들다 달	濬灖(달첨)	氵	3	15	특급
闥		궐문 달	閨闥(규달)	門	8	20	특급

193. 其

其	기	其	그것 기	其間(기간)	八	2	8	3급
		淇	물 이름 기		氵	3	11	2급
		朞	돌·1주년 기	朞親(기친)	月	4	12	1급
▶		期	기약하다 기	期約(기약)	月	4	12	5급
		旗	깃발 기	旗幟(기치)	方	4	14	7급
		㫃	나부끼다 언		方	4	6	
▶	기	基	터 기	基本(기본)	土	3	11	5급
		璂	피변 꾸미개 기		王	4	15	특급
		禥	길하다 기		示	5	16	
欺	기	欺	속이다 기	欺瞞(기만)	欠	4	12	3급
		儝	취하여 춤추다 기		亻	2	14	특급
		嶯	높다 기		山	3	15	

194. 卒

▶ 졸	卒	마치다·하인 졸	卒業(졸업)	十	2	8	5급
	仌	또 역	= 亦	亠	2	6	
	猝	갑자기 졸	猝地(졸지)	犭	3	11	1급
	捽	거머잡다 졸		扌	3	11	
줄	崒	높다·무너지다 줄		山	3	11	특급
	啐	지껄이다 줄/맛보다 쵀	啐啄(줄탁)	口	3	11	
	箤	대바구니 줄		竹	6	14	
수	睟	바로 보다·함치르르하다 수	睟面(수면)	目	5	13	특급
	粹	순수하다 수	純粹(순수)	米	6	14	1급
쇄	碎	부수다 쇄	粉碎(분쇄)	石	5	13	1급
	瓶	부서지다 쇄		瓦	5	13	
쉬	焠	담그다 쉬		火	4	10	
취	翠	푸르다·물총새 취	翡翠(비취)	羽	6	14	1급
	醉	취하다 취	醉中(취중)	酉	7	15	3급
쵀	悴	파리하다 쵀	憔悴(초쵀)	忄	3	11	1급
	瘁	병들다 쵀	瘁貌(쵀모)	疒	5	13	특급

195. 亞

亞	아	亞	버금·동서·무리 아	亞鉛(아연)	二	2	8	3급
		啞	벙어리 아	聾啞(농아)	口	3	11	1급
	악	堊	흰 흙 악	白堊(백악)	土	3	11	1급
		蜑	살무사 악		虫	6	14	
	오	誣	헐뜯다 오		言	7	15	
		頞	두건 오		頁	9	17	
▶	악	惡	악하다 악 미워하다 오	惡化(악화) 憎惡(증오)	心	4	12	5급
		偓	악하다 악		亻	2	14	
	학	癋	가슴앓이 학		疒	5	17	
	오	滹	더럽다 오		氵	3	15	
		蟋	벌레 오		虫	6	18	

196. 享

享	향	享	드리다·누리다 향	享有(향유)	亠	2	8	3급
	돈	惇	도탑다 돈	惇惠(돈혜)	忄	3	11	2급
		敦	도탑다 돈/다스리다 퇴/새기다 조 敦睦(돈목) 敦劍(퇴검) 敦琢(조탁)		攵	4	12	3급

곽	郭	둘레·외성 곽	城郭(성곽)	阝	3	11	3급
순	淳	순박하다 순	淳朴(순박)	氵	3	11	2급
	醇	전국술·순수하다 순	醇化(순화)	酉	7	15	1급
	錞	악기 이름 순		金	8	16	특급
	鶉	메추리 순	鶉肉(순육)	鳥	11	19	특급
亨 형	亨	형통하다 형 亨運(형운) 亨通(형통) 드리다 향 享과 통용 亨有(향유) 삶다 팽 烹과 동자 亨熟(팽숙)		亠	2	7	3급
	哼	겁내다 형		口	3	10	
팽	烹	삶다 팽	炮烹(포팽)	灬	4	11	특급
	抨	치다 팽		扌	3	10	

197. 面

面	면	面	낯 면		面接(면접)	面	9	9	7급
		沔	빠지다 면		淫沔(음면)	氵	3	12	특급
		緬	멀다·생각하다 면		遐緬(하면)	糸	6	15	1급
		麵	국수 면	= 麪	冷麵(냉면)	麥	11	20	특급

198. 韋

韋	위	韋	가죽 위	韋帶(위대)	韋	9	9	2급
▶		偉	크다·뛰어나다 위	偉人(위인)	亻	2	11	5급
		圍	에워싸다 위	圍繞(위요)	囗	3	12	4급
		暐	빛나다 위	暐映(위영)	日	4	13	특급
		瑋	옥 이름·아름답다 위	奇瑋(기위)	王	4	13	특급
		葦	갈대 위	葭葦(가위)	++	4	13	특급
		違	어긋나다 위	違反(위반)	辶	4	13	3급
		緯	씨줄 위	經緯(경위)	糸	6	15	3급
		衛	지키다 위	衛生(위생)	行	6	15	4급
		闈	문 위		門	8	17	특급

	褘	아름답다 위 폐슬 휘	褘衣(휘의)	衤	5	14	특급
	煒	빛나다·빨갛다 위 빛 휘	煒管(위관) 煒煌(휘황)	火	4	13	특급
휘	諱	숨기다·꺼리다 휘	忌諱(기휘)	言	7	16	1급

199. 音

▶ 음	音	소리 음	音樂(음악)	音	9	9	6급
	愔	조용하다 음	愔翳(음예)	忄	3	12	
	䤃	메주 음		豆	7	16	
흠	歆	흠향하다 흠	歆饗(흠향)	欠	4	13	1급
	銜	몰래 다니다 흠/보다 함		行	6	15	
암	暗	어둡다 암	暗澹(암담)	日	4	13	4급
	闇	숨다 암	昏闇(혼암)	門	8	17	1급
	黯	검다 암	黯顔(암안)	黑	12	21	특급
▶ 의	意	뜻 의	意志(의지)	心	4	13	6급
	薏	율무 의/억	薏苡(의이)	++	4	17	특급
	鷾	제비 의		隹	8	21	
	𪘪	탄식하다 의		音	9	22	
희	噫	한숨 쉬다 희	噫嗚(희오)	口	3	16	2급

		譆	탄식하다 희			言	7	20
▶	억	億	억(數字) 억	億萬(억만)	亻	2	15	5급
		憶	생각하다 억	記憶(기억)	忄	3	16	3급
		臆	가슴 억	臆測(억측)	肉	4	17	1급
		檍	참죽나무 억		木	4	17	특급
戠	시	戠	찰흙 시		戈	4	13	
	치	幟	깃발 치	旗幟(기치)	巾	3	15	1급
		熾	성하다 치	熾烈(치열)	火	4	16	1급
▶	식	識	알다 식	意識(의식)	言	7	19	5급
		埴	심다 식	=植	土	3	16	
	직	織	짜다 직	組織(조직)	糸	6	18	4급
		職	직분 직	職分(직분) 職業(직업)	耳	6	18	4급

200. 頁

頁	혈	頁	머리 혈/쪽 엽		頁	9	9	특급
		頓	어혈 혈		虫	6	15	
		闋	문소리 혈		門	8	17	
	석	碩	크다 석	碩學(석학)	石	5	14	2급

煩	번	煩	번거롭다 번	煩惱(번뇌)	火	4	13	3급
		攵	비비다 번		扌	3	16	
		蘩	삼베 번		++	4	17	
		蹞	짐승의 발 번		𧾷	7	20	
憂	우	憂	근심 우 (𢙺 사랑하다 애)	憂慮(우려)	心	4	15	3급
		優	넉넉하다 우	優待(우대)	亻	2	17	4급
		懮	근심하다 우		忄	3	18	특급
		耰	곰방메·고무래 우		耒	6	21	특급
	요	擾	시끄럽다 요	擾亂(요란)	扌	3	18	1급
		犪	유순하다 요		牛	4	19	

201. 風

▶	풍	風	바람 풍	風景(풍경)	風	9	9	6급
		楓	단풍(丹楓) 풍	楓菊(풍국)	木	4	13	3급
		諷	풍자하다 풍	諷刺(풍자)	言	7	16	1급
		熛	불사르다 풍		火	4	13	
	람	嵐	아지랑이 람	晴嵐(청람)	山	3	12	특급
		葻	바람에 쏠리다 람		++	4	13	

범	渢	풍류소리 범		氵	3	12	
	䑦	돛 범		舟	6	19	

202. 首

▶	수	首	머리 수		首	9	9	**5급**
		艏	뱃머리 수		舟	6	15	
道	도	道	길 도	道路(도로)	辶	4	13	7급
		導	이끌다 도	引導(인도)	寸	3	16	4급

203. 壴

壴	주	壴	악기 이름 주		士	3	9	
	수	侸	세우다 수		亻	2	11	
	추	腏	반찬 추		肉	4	13	
喜	희	喜	기쁘다 희	喜怒哀樂(희로애락)	口	3	12	4급
		僖	즐겁다 희		亻	2	14	특급
		嘻	화락(和樂)하다 희		口	3	15	특급
		嬉	아름답다·즐겁게 놀다 희	嬉遊(희유)	女	3	15	2급

		憙	기쁘다 희		忄	3	15	특급
		憙	기뻐하다 희		心	4	16	2급
		橲	나무 이름 희		木	4	16	특급
		熺	빛나다 희		火	4	16	특급
		熹	빛나다 희		灬	4	16	2급
		禧	복(福) 희		示	5	17	2급
		饎	주식(酒食) 희/치		食	9	21	특급

尌	주	尌	하인 주/세우다 수		寸	3	12	
		厨	부엌 주		厂	2	14	
		廚	부엌 주		广	3	15	
		澍	단비·적시다 주	澍濡(주유)	氵	3	15	특급
▶	수	樹	나무 수	植樹(식수)	木	4	16	6급

彭	팽	彭	부풀어 오르다	彭湃(팽배)	彡	3	12	2급
		澎	물소리 팽	澎湃(팽배)	氵	3	15	1급
		膨	불다 팽	膨脹(팽창)	肉	4	16	1급
		甏	질그릇 팽		瓦	5	17	

204. 畐

畐	복	畐	가득하다·(피륙의)폭 복			田	5	9
		楅	뽈막이 복			木	4	13	특급
		菖	메꽃·순무 복			++	4	13	특급
▶		福	복 복	福祉(복지)	示	5	14	5급
		輻	바퀴살 복/폭	輻輳(복주·폭주)	車	7	16	1급
	폭	幅	폭 폭	增幅(증폭)	巾	3	12	3급
		繪	피륙너비 폭			糸	6	15	
	부	副	버금 부	副業(부업)	刂	2	11	4급
		富	부유하다 부	富裕(부유)	宀	3	12	4급
	핍	偪	핍박(逼迫)하다·죄다 핍	偪狹(핍협)	亻	2	11	특급
		逼	핍박하다 핍·죄다 핍	逼迫(핍박)	辶	4	13	1급
		愊	답답하다 핍·정성 픽	愊悒(핍달)	忄	3	12	

205. 亲

亲	친	亲	친하다 친		亠	2	9	
	▶	親	친하다 친	親舊(친구)	見	7	16	6급
	▶ 신	新	새롭다 신	新規(신규)	斤	4	13	6급
		薪	섶 신	薪樵(신초)	++	4	17	1급
		嘶	이야기 신		口	3	16	
		嫩	나라 이름 신		女	3	16	

206. 馬

▶	마	馬	말 마	出馬(출마)	馬	10	10	5급
		瑪	마노 마	瑪瑙(마노)	王	4	14	특급
		碼	마노 마		石	5	15	특급
		禡	마제(禡祭) 마		示	5	15	특급
	매	罵	꾸짖다 매	罵倒(매도)	罒	5	15	1급
		駡	꾸짖다 매		口	3	13	
	독	篤	도탑다 독	篤實(독실)	竹	6	16	3급
		騳	달리다 독		馬	10	20	

207. 骨

骨	골	骨	뼈 골	骨肉(골육)	骨	10	10	4급
		愲	우울하다 골		忄	3	13	
		蹪	돌다 골		𧾷	7	17	
		顝	고독하다 골		頁	9	19	
	활	滑	미끄럽다 활/익살스럽다 골	滑走(활주) 滑稽(골계)	氵	3	13	2급
		猾	교활하다 활	狡猾(교활)	犭	3	13	1급

		蝟	집게·방게 활			虫	6	16
		䁋	직시하다 활			目	5	15
咼	와	咼	비뚤어지다 와/고르다 화/비뚤어지다 괘 咼斜(와사) 咼氏(화씨)			口	3	9
		渦	소용돌이 와	渦旋(와선)		氵	3	12	1급
		窩	움집 와	窩窟(와굴)		穴	5	14	특급
		蝸	달팽이 와	蝸牛(와우)		虫	6	15	1급
	화	禍	재앙 화	禍福(화복)		示	5	14	3급
		殤	재앙 화			歹	4	13
	과	鍋	노구솥 과	鍋門(과문)		金	8	17	특급
		䐠	눈 과			目	5	14
	왜	緺	자청색 인끈 왜			糸	6	15
		騧	공골말(털빛이 누런 말) 왜/와/과			馬	10	19	특급
▶	과	過	지나다 과	過程(과정)		辶	4	13	5급
		薖	풀 이름·너그럽다 과			++	4	17	특급
		撾	치다 과			扌	3	16
		檛	채찍 과			木	4	17

208. 高

▶	고	高	높다 고	最高(최고)	高	10	10	6급
		敲	두드리다 고	敲扑(고복)	攴	4	14	1급
		膏	기름 고	膏藥(고약)	肉	4	14	1급
		稿	볏짚·원고 고	原稿(원고)	禾	5	15	3급
		稾	볏짚·원고 고		禾	5	15	특급
		暠	밝다 고 희다 호	靑暠酒(청고주)	日	4	14	특급
	호	皜	희다 호	皜皜白髮(호호백발)	白	5	15	특급
		縞	명주(明紬)·희다 호	縞素(호소)	糸	6	16	특급
		鎬	호경(鎬京) 호		金	8	18	2급
	혹	熇	뜨겁다 혹 불길 효	熇暑(혹서) 燆와 동자	火	4	14	특급
	숭	嵩	높다 숭		山	3	13	특급
	확	碻	굳다 확		石	5	15	특급

209. 鬼

鬼	귀	鬼	귀신 귀	鬼神(귀신)	鬼	10	10	3급
		䀼	크게 보다 귀		目	5	15	

괴	傀	허수아비 괴	傀儡(괴뢰)	亻	2	12	2급
	塊	흙덩이 괴	塊金(괴금)	土	3	13	3급
	愧	부끄럽다 괴	自愧(자괴)	忄	3	13	3급
	槐	회화나무·느티나무 괴	槐木(괴목)	木	4	14	2급
	瑰	옥돌 괴	玫瑰醬(매괴장)	王	4	14	특급
외	嵬	높다 외	磊嵬(뇌외)	山	3	13	특급
수	蒐	모으다 수	蒐集(수집)	++	4	14	1급
추	醜	추하다 추	醜態(추태)	酉	7	17	3급
궤	饋	(음식을)보내다·먹이다 궤	饋謝(궤사)	食	9	19	특급

210. 魚

▶	어	魚	물고기 어	水魚之交(수어지교)	魚	11	11	5급
▶		漁	고기잡다 어	漁船(어선)	氵	3	14	5급
		蕎	들깨 어		++	4	15	
穌	소	穌	깨어나다 소	蟾穌(섬소)	禾	5	15	
		蘇	되살아나다 소	蘇生(소생)	++	4	20	3급
		廜	초가 소		广	3	18	
		櫯	다목(草) 소		木	4	24	

211. 鳥

鳥	조	鳥	새 조	鳥類(조류)	鳥	11	11	4급
		幬	견직물 조		巾	3	14	
		蔦	담쟁이 조	蔦蘿(조라)	++	4	15	특급
		竆	깊다 조		穴	5	16	
	도	嶋	섬 도		山	3	14	특급
		搗	찧다 도		扌	3	14	

▶	도	島	섬 도	無人孤島(무인고도)	山	3	10	5급
		搗	찧다 도	搗精(도정)	扌	3	13	1급
		隝	섬 도		阝	3	13	

212. 麥

麥	맥	麥	보리 맥	麥酒(맥주)	麥	11	11	3급
		霡	가랑비 맥		雨	8	19	
		騋	노새 맥		馬	10	21	

213. 黃

▶	황	黃	누르다 황	黃金(황금)	黃	12	12	6급
		潢	웅덩이 황	潢池(황지)	氵	3	15	특급
		璜	패옥(佩玉) 황		王	4	16	특급
		簧	생황 황	笙簧(생황)	竹	6	18	특급
	횡	橫	가로 횡	橫斷(횡단)	木	4	16	3급
		鐄	종·쇠북 횡		金	8	20	특급
		襒	포대기 횡		衤	5	17	
		飁	거센 바람 횡		風	9	21	
▶	광	廣	넓다 광	廣場(광장)	广	3	15	5급
		壙	뫼구덩이 광	壙穴(광혈)	土	3	18	1급
		曠	비다·밝다 광	曠劫(광겁)	日	4	19	1급
		纊	솜 광	線纊(선광)	糸	6	21	특급
		鑛	쇳돌 광	鑛物(광물)	金	8	23	4급
	황	爌	빛나다 황	光(광)	儿	2	21	
		爌	밝다 황		火	4	19	
	확	擴	넓히다 확	擴散(확산)	扌	3	18	3급
		彍	당기다 확	彍弩(확노)	弓	3	21	

214. 黑

▶	흑	黑	검다 흑	黑白(흑백)	黑	12	12	5급
		懳	어둡다 흑		忄	3	15	
		歒	기침 흑		欠	4	16	
柬	간	柬	가리다 간	柬理(간리)	木	4	9	특급
		諫	간하다 간	諫言(간언)	言	7	16	1급
		揀	가리다 간/련	揀擇(간택)	扌	3	12	1급
	련	煉	달구다 련	煉炭(연탄)	火	4	13	2급
▶		練	익히다 련	練習(연습)	糸	6	15	5급
		鍊	쇠불리다 련	鍛鍊(단련)	金	8	17	3급
闌	란	闌	가로막다 란	闌入(난입)	門	8	17	특급
		瀾	물결 란	波瀾(파란)	氵	3	20	1급
		欄	난간 란	欄杆(난간)	木	4	21	3급
		爛	빛나다 란	燦爛(찬란)	火	4	21	2급
		瓓	옥의 광채(光彩) 란		王	4	21	특급
蘭	란	蘭	난초 란	蘭草(난초)	++	4	21	3급
		灡	뜨물 란		氵	3	24	

		孏	게으르다 란			女	3	24	
		爛	빛나다 란			火	4	25	
▶	회	會	모이다 회	會合(회합)	曰	4	13	6급
		亼	모이다 집		人	2	3	
		澮	봇도랑 회	溝澮(구회)	氵	3	16	특급
		獪	교활(狡猾)하다 회 교활(狡猾)하다 쾌	獪猾(회활) 狡獪(교쾌)	犭	3	16	특급
		膾	회(膾) 회	生鮮膾(생선회)	肉	4	17	1급
		檜	전나무 회		木	4	17	2급
		薈	무성(茂盛)하다 회		++	4	17	특급
		繪	그림 회	繪畫(회화)	糸	6	19	1급
	괴	旝	깃발 괴	旗旝(여괴)	方	4	19	
		㫃	나부끼다 언		方	4	6	
		襘	매듭 괴/회		衤	5	20	
	쾌	噲	목구멍 쾌	噲伍(쾌오)	口	3	16	특급
		驓	거간꾼 쾌		馬	10	23	
曾	증	曾	일찍 증	曾孫(증손)	曰	4	12	3급
		增	불다·늘다 증 겹치다 층	增加(증가) 層과 통용	土	3	15	4급
		憎	밉다 증	憎惡(증오)	忄	3	15	3급

		瑠	옥(玉)·더하다 증		王	4	16	특급
		甑	시루 증	甑中生塵(증중생진)	瓦	5	17	특급
		繒	비단 증		糸	6	18	특급
		贈	주다 증	贈與(증여)	貝	7	19	3급
승		僧	중 승	僧侶(승려)	亻	2	14	3급
층		層	층·계단 층	階層(계층)	尸	3	15	4급
		剬	베이다 층		刂	2	14	

215. 黹

黹	치	黹	바느질하다 치		黹	12	12
		㡀	낡다 폐		巾	3	7
		賍	바탕 치		貝	7	19
		鏅	뚫다 치		金	8	20
业	업	业	업 업/북녘 북/달아나다 배		一	1	5
	현	显	나타나다 현		日	4	9
	허	虚	비다 허		虍	6	11
亚	아	亜	버금 아/누르다 압		二	2	6
	진	晋	진나라 진		日	4	10	2급

芔	착	芔	풀이 무성하다 착 (取 가지다 취)		l	1	10	
		齒	뚫다 착		凵	2	12	
		斵	쓿다 착	鑿(착)	殳	4	14	
▶	업	業	업 업	企業(기업)	木	4	13	6급
		嶪	산이 높다 업	岌業(급업)	山	3	16	특급
		纝	꿰메다 업		糸	6	19	
	복	僕	종 복		亻	2	15	
		幞	두건(頭巾) 복		巾	3	18	
▶	대	對	대하다 대	對應(대응)	寸	3	14	6급
		懟	원망(怨望)하다 대	怨懟(원대)	心	4	18	특급
		瀩	담그다 대		氵	3	17	
		薱	우거지다 대		++	4	18	

216. 鼠

鼠	서	鼠	쥐 서	鼠族(서족)	鼠	13	13	1급
		癙	근심하다 서		疒	5	18	특급
		蝑	여치 서		虫	6	19	

217. 鼻

	비	鼻	코·구멍 비	鼻炎(비염)	鼻	14	14	5급
▶		嚊	헐떡거리다 비		口	3	17	
	의	劓	코베다 의	劓鼻(의비)	刂	2	16	특급
		鄓	코베다 의		阝	3	17	

218. 齒

齒	치	齒	이 치	齒牙(치아)	齒	15	15	4급
		薺	쇠비름 치		++	4	19	
	교	齩	깨물다 교	齩鞭之馬(교편지마)	口	3	18	

219. 龜

龜	구	龜	거북 구/귀 터지다·트다 균	鶴龜(학구) 龜鑑(귀감) 龜裂(균열)	龜	16	16	3급
		鬮	제비뽑다 구		鬥	8	24	
		鬮	제비뽑다 구		鬥	10	26	
	소	籥	퉁소 소		侖	17	33	

표음 색인

1) 표음한자원리 참조

- 230 -